本成果由2013年教育部人文社会科学研究规划基金项目"我国城镇化进程中农地冲突的经济原因和对策研究"（13YJA790112）资助

转型期农村土地冲突研究

王桂芳　彭代彦　著

中国社会科学出版社

图书在版编目（CIP）数据

转型期农村土地冲突研究/王桂芳，彭代彦著．—北京：
中国社会科学出版社，2016.5
ISBN 978 - 7 - 5161 - 8508 - 7

Ⅰ.①转…　Ⅱ.①王…②彭…　Ⅲ.①农村—土地问题—
研究—中国　Ⅳ.①F321.1

中国版本图书馆 CIP 数据核字（2016）第 152191 号

出 版 人	赵剑英
责任编辑	卢小生
特约编辑	林　木
责任校对	周晓东
责任印制	王　超

出　　　版	中国社会科学出版社
社　　　址	北京鼓楼西大街甲 158 号
邮　　　编	100720
网　　　址	http：//www. csspw. cn
发 行 部	010 - 84083685
门 市 部	010 - 84029450
经　　　销	新华书店及其他书店

印刷装订	三河市君旺印务有限公司
版　　　次	2016 年 5 月第 1 版
印　　　次	2016 年 5 月第 1 次印刷

开　　　本	710×1000　1/16
印　　　张	13
插　　　页	2
字　　　数	207 千字
定　　　价	48.00 元

内容提要

　　农村土地冲突是农民为了取得、捍卫、行使或者排除他人干预自己的土地权益而采取的谩骂、中伤、聚集、斗殴、上访和诉讼等造成人员伤亡、财产损失或较大社会影响的行为。一般来说，中国的农村土地冲突发生在村民—村民、村民—村干部、村民—政府、村—村、村支部—村委会和村干部—政府以及村民和开发商等主体之间，涉及农村土地使用权、农村土地征收、农村土地污染和宅基地使用等诸多方面，主要表现为口角、斗殴（械斗）、砸抢财物和围攻政府机关（群体性事件）等形式。2006 年全国废除农业税后，农民种田负担明显减轻，基层政府因为难以继续"搭便车"而向农民收费，对农村土地的依赖度进一步提高。这一期间房地产持续火爆，价格也不断攀升，进一步加剧了农民、地方政府和房地产开发商对农村土地的争夺，农村土地已取代税费成为农民维权抗争的焦点，由此引发的农村土地冲突和群体性事件也相应增加。

　　农村土地冲突是一种有害品，卷入其中的村民和乡村干部不得不耗费时间、精力、体力和费用，降低了福利，破坏了农村邻里和睦与干群关系，对社会稳定构成了直接威胁，在一定程度上阻碍着中国从传统社会向现代社会的转型，探讨农村现阶段农村土地冲突的原因对于制定有效预防措施和缓解农村矛盾具有重要的意义。

　　本书在实证研究农村土地分配制度对农村土地冲突的影响和村干部行为特征的基础上，分析村干部在农村土地冲突中的角色及其影响，以期揭示农村土地冲突的管理体制原因并探讨有关对策。

　　本书研究表明，农村土地分配制度不是农村土地冲突的显著原因，村干部的逐利动机诱发其在承包地、机动田、宅基地、农村土地征用、建设用地等各类农村土地的分配和使用以及农村土地承包经营权登记中的各种非规范行为，加剧甚至直接导致了农村土地矛盾和冲突。依靠宣传、说服和教育难以遏制村干部腐败。为了缓解村干部诱发农村土地冲突，既要完善冲突化解机制，惩处村干部违法犯罪行为，也要改革农村土地制度，弱化村干部的农村土地分配和管理职能，还要改革村级治理结构。完善冲突化解机制和惩处村干部违法犯罪行为只能解决冲突发生之后的燃眉之急，仅是治标；改革农村土地制度、弱化村干部的农村上地分配和管理职能也只会削弱冲突发生的基础，不能治本；只有根本改革村级治理结构、落实村级自治才能防止冲突发生，才是治本。

前　言

村干部是村级各类组织中所有干部的简称,是区别于国家公务员的特殊群体,游离于国家行政干部体制之外,不在编,不脱产。村级组织主要是指村级党组织和村民委员会,在部分集体经济发达地区,还建立有村集体经济组织。村干部主要是通过村民自治机制选举产生的、在村党组织和村民委员会及其配套组织中担任一定职务、行使公共权力、管理公共事务、提供公共服务,并享受一定的政治经济待遇的工作人员,包括村党支部书记、副书记、委员、村委会主任、副主任、治保主任、委员、村民小组长、民兵连长、妇女主任、团支部书记、村会计和村集体经济组织负责人等。其中,村党支部书记、村委会主任和村集体经济组织负责人是主要村干部,有的地方由一人兼任。村干部有广义和狭义之分,广义的村干部包括党支部书记、村委会主任、治保主任、民兵连长、妇女主任、团支部书记和村会计;狭义的村干部仅指党支部书记、村委会主任等村里的主要干部。本书中的村干部主要指狭义的村干部。①

---

① 近年来,为加强农村工作,上级还选派一些机关干部到部分农村地区任职(即驻村干部)和选聘大学生村干部,但驻村干部一般都保留原单位待遇,大学生村官也享受公务员工资福利待遇,因此不在本书考察范围之内。据北京市人社局公布的"北京市 2013 年选聘应届高校毕业生到村任职工作公告",北京市 2013 年将选聘 2400 名大学生村官,其中,村党支部书记助理、村委会主任助理 2282 名,农民专业合作社理事长助理 118 名,与去年和前年相比总人数分别减少了 600 人和 727 人。北京市规定,大学生村官工资将普遍上涨近一倍,和新入职的公务员及事业单位在编人员的待遇基本相当。大学生村官聘期统一为 3 年。2013 年新选聘的大学本科毕业生村官,第一年平均月工资约 3800 元,比往年的 2000 元几乎翻一倍,之后每年增加约 500 元,即第二年和第三年的平均月工资分别约为 4300 元和 4800 元。此外,优秀大学毕业生村官还有被重点培养、录入公务员系列乃至晋升的机会(《北京村官待遇与公务员看齐　工资升了一倍》,http://www.tdzyw.com/2013/0226/27036.html,原载《京华时报》2013 年 2 月 26 日)。

村干部负责贯彻、落实上级各项路线、方针、政策，行使村级组织公共权力、管理公共事务、提供公共服务，并享受一定的政治经济待遇。村干部不属于国家公务员，是游离于国家行政干部体制之外的、不在编、不脱产干部，应通过村民自治机制选举产生。农村税费改革前，村干部报酬主要由村集体和村民负担；农村税费改革后，虽然财政转移支付为村干部报酬提供了主要保证，但为了尽可能增加额外收入，有的村干部仍然会利用土地等集体资源以权谋私，因此诱发了很多农村土地矛盾和冲突。

本书所说的农村土地即农村土地，又称农用地，是指城镇以外的土地，包括承包地、机动田、宅基地和建设用地。《中华人民共和国农村土地承包法》（以下简称《农村土地承包法》）第二条规定："农村土地，是指农民集体所有和国家所有依法由农民集体使用的耕地、林地、草地，以及其他依法用于农业的土地。"第三条规定："国家实行农村土地承包经营制度。农村土地承包采取农村集体经济组织内部的家庭承包方式，不宜采取家庭承包方式的荒山、荒沟、荒丘、荒滩等农村土地，可以采取招标、拍卖、公开协商等方式承包。"

农村土地冲突是指农民为了取得、捍卫、行使或者排除他人干预自己的农村土地权益而采取的谩骂、中伤、聚集、斗殴、上访和诉讼等造成人员伤亡、财产损失或较大社会影响的行为。

农村土地冲突不仅在中国，而且在许多其他发展中国家如肯尼亚（Campbell and Oichohi，2000；Yamano and Deininger，2005）、印度尼西亚（Joomla，2006）、菲律宾（Olano，2007）、巴西和津巴布韦（Baranyi and Weitzner，2006）都普遍存在。在肯尼亚，牧民和农民之间为了争夺土地和水资源经常发生激烈的农村土地冲突（Campbell and Oichohi，2000）。在印度尼西亚，起源于土地占有和权属争议的农村土地冲突随着无地和少地农民的参与愈演愈烈，有的还上升为暴力冲突，其强度与参与人数、冲突的位置、土地面积和卷入的州组织等因素有关（Joomla，2006）。

在中国，农村税费改革前，农村土地冲突发生在村民—村民、村民—村干部、村民—政府、村—村、村支部—村委会和村干部—政府以及村民和开发商等主体之间，涉及农村土地使用权、农村土地征收、农村土地污染、宅基地使用和农村土地承包经营权登记等诸多方面，主要表现为口角、斗殴（械斗）、砸抢财物和围攻政府机关（群体性事件）等形式。

2006年全国废除农业税后，农民种田负担明显减轻，基层政府因难以为继而"搭便车"向农民收费，对农村土地依赖度进一步提高，而这一期间房地产持续火爆，其价格也在不断攀升，进一步加剧了农民、地方政府和房地产开发商对农村土地的争夺，农村土地已取代农业税费成为农民维权抗争的焦点，由此引发的农村土地冲突和群体性事件也相应增加，其影响还因为知识精英和新闻媒体越来越多的介入得以扩大。山东省宁阳县2005年农村信访统计数据显示，在农村土地冲突中，有关土地调整、补偿的占35%，有关宅基地纠纷的占30%，有关财务和工作作风问题的分别排在第三位和第四位。① 某县级市仅2003—2004年上半年就发生农村土地纠纷106起，其中上访到省级以上部门的3起，县级以上的21起，乡镇内部解决的43起，村组调解的39起，导致2人死亡，6人致残，50多人受伤。②

农村土地冲突是一种有害品，卷入其中的村民和乡村干部不得不耗费时间、精力、体力和费用，降低了福利，破坏了农村邻里和睦与干群关系，严重影响了农村社会的稳定和发展（于建嵘，2005），在一定程度上阻碍着中国从传统社会向现代社会的转型，探讨农村土地冲突的原因对于制定有效预防措施和缓解农村矛盾具有重要的意义。

从20世纪90年代起，国内学术界开始关心农村土地冲突问题，对农村土地冲突的概念、类型、诱因和化解对策等进行了探讨（谭术魁，2008；江金启、郑风田，2010；梅东海，2007；刘耀彬、万力，2008），但总的来看，对税费改革后农村土地冲突原因的分析基本上还停留在定性层面，认为农村土地分配制度是诱发农村土地冲突的主要原因（谭术魁，2009；吕蕊，2011），但除涂姗（2009）外，鲜有实证研究。

---

① http：//www. ha. xinhuanet. com/misc/2006 - 12/05/content_ 8695191. htm.
② 《农村土地纠纷将成为新一轮农村冲突的焦点》，http：//www. caein. com/index. asp? xAction = xReadNews&NewsID = 5864，2005年2月21日，原载中国农经信息网。

农村土地冲突几乎发生在所有类型的农村土地之中，而且大多数冲突都与村干部有关，本书在实证研究农村土地分配制度对农村土地冲突影响和村干部行为特征基础上，按照农村土地的不同用途，分析村干部在农村土地冲突中的角色及其影响，以期揭示农村土地冲突的管理体制原因，为有关对策研究提供基础。

华中科技大学科学技术发展院文科处在本成果前期研究工作中给予了大力帮助，华中科技大学法学院和经济学院提供了便利，特此致谢！感谢华中科技大学科学技术发展院文科处刘洁处长的支持！感谢中国社会科学出版社经济与管理出版中心主任卢小生编审细致的编辑工作！本书部分内容曾以论文形式公开发表在学术刊物上，感谢其他合作者！感谢科研秘书汤俊芳博士和张鹃女士在课题申报过程中的付出！

当然，书中可能存在的不足和错误完全由作者负责。

目　录

第一章 农村土地冲突的原因研究

第一节 引言

卷入农村土地冲突，既有期待收益，可以从中得到正效用；也要付出代价，承受负效用。

卷入农村土地冲突的正效用主要是农村土地收益，包括经济收益和社会收益。[①] 农村土地主要被用作农业生产资料，对农民增加收入具有极其重要的作用，在经济发达和不发达地区尤其如此。在经济发达地区，如城中村、园中村和城市近郊区，农村土地流转和征收补偿收益巨大，出让使用权可以获得惊人收入，保证下半辈子乃至下一代或几代人衣食无忧。在经济不发达地区，农村土地主要用于农业生产，收益虽然有限，但因为缺乏其他收入来源，来自农村土地的收入占有非常重要的地位。在经济中等发达地区，因为有其他收入来源，农村土地收益所占比重较小，农村土地的重要性也较低。因此可以认为，农村土地的经济重要性与经济发展水平呈 U 形，这也是与中等发达地区相比、经济发达和不发达地区农村土地矛盾和冲突较多的原因之一。农村土地中的一部分是宅基地，是许多农民不可或缺的生活资料，在很大程度上决定了农民的生活品质和社会地位，具有重要的社会价值。

卷入农村土地冲突的负效用包括耗费时间、精力、体力（甚至健康）、金钱和名誉，这种代价有时甚至是巨大的，一旦卷入农村土地

---

① 例如，维护面子就是卷入农村土地冲突的社会收益之一，在中国许多农村地区具有巨大的正效用。

冲突，就难以恢复到原有的生活，有的甚至家破人亡。

因此，农民是否卷入农村土地冲突取决于农村土地冲突的正、负效用，农民追求的是农村土地冲突净效用的最大化。

第二节　分析框架与模型

对农民来说，卷入冲突（c）是为了维护自身利益，获得正效用 U，包括经济利益（Y）等，但为此会付出代价，即负效用 $\bar{U}$，包括时间、精力、体力、费用和可能的人际关系的恶化等（W）。农民追求净效用的最大化，即：

$$\max\Delta U = U(c, Y) - \bar{U}(c, W)$$

由此可得农民净效用最大化的一阶必要条件：

$$\frac{\partial U(c, Y)}{\partial c} = \frac{\partial \bar{u}(c, W)}{\partial c}$$

假定净效用函数是凸的，可进一步得到 $c = f(Y, W)$，即农村土地冲突发生与否取决于由此带来的收益和为此付出的代价。

影响农村土地冲突的正效用和负效用进而诱发农村土地冲突的因素被认为主要是不合理的农村土地分配制度，表现在两方面：一是土地产权的不规范。土地产权的不规范被发现是农村土地冲突的一个主要原因（Wehrmann，2008），在发展中国家（Amman，2004），如印度尼西亚（Joomla，2006）、肯尼亚（Campbell et al.，2000；Yamano and Deininger，2005）和巴西（Deininger and Castagnini，2006）都是如此。例如，在肯尼亚，一半左右的农村土地冲突是发生在邻居或相邻的亲戚之间的有关边界的冲突，与产权登记在自己名下的情形相比，产权登记为死去的丈夫名下的寡妇卷入农村土地冲突的可能性高12%，产权登记在父母名下的人更担心卷入冲突（Yamano and Deininger，2005）。二是土地所有权的不平等分配。土地所有权的不平等分配被认为导致了萨尔瓦多、危地马拉、津巴布韦、南非、卢旺达和布隆迪的农村土地冲突（Deininger and Castagnini，2006）。在巴西，土地的分散和不平等被认为加剧了农村土地冲突（Alston et al.，2000）。

在中国，农村土地属于村集体所有，由农民家庭承包经营。20世纪80年代初推行家庭联产承包责任制时，以村民小组（也有少数地方以"村"）为单位按家庭人口或（和）劳动力平均分配，造成了农户经营规模狭小和地块零碎的农村土地经营格局。30多年来，各地在大稳定的前提下，适应人口变化需要和农村土地转用形势，实施了范围不等、规模不一的调整，一些地方的农民也因家庭人口变化和劳动力流动自发地进行了农村土地转包和流转。这些调整和转让可能导致了农户间农村土地分配的不平等，因此，农村土地分配制度也被认为是诱发中国农村土地冲突的主要原因（谭术魁，2009；吕蕊，2011）。本章用农村土地承包满意度、家庭人均耕地面积及其基尼系数三个指标表示农村土地分配制度。农民对农村土地承包越满意，表明农村土地分配越合理，农村土地冲突发生的可能性应越小；农民家庭农村土地越多，农户间差距越小，农民对农村土地的争夺会越少，农村土地冲突发生的可能性也应越小。

诱发农村土地冲突的其他因素可能还有：

（1）非农就业。非农就业可能会从两个方面影响农村土地冲突（Yasmi et al.，2010）：第一，农户非农业收入越高，对农村土地和农业收入依赖程度越低，卷入农村土地冲突的可能性就会越小。第二，农户间非农业收入差距也可能影响农村土地冲突：如果这种差距不具有"隧道效应"，即如果现在他人较高的非农业收入不能作为自己未来非农业收入增加的信号，农民对农村土地的争夺会更激烈，农村土地冲突发生的可能性会上升；相反，如果具有"隧道效应"，人们可以预期今天他人较高的非农业收入也是自己将来可以享受到的，就会尽量增加非农业收入，对农村土地的争夺将会下降，农村土地冲突发生的可能性会因此降低。实证分析用家庭人均非农业收入及其基尼系数表示非农业收入及其差距。

（2）农村土地稀缺性、农业的商业化程度和地块位置。农村土地越稀缺，农业的商业化程度越高，农村土地的位置越好[①]，农村土地

[①]　Deininger 和 Castagnini（2006）发现，地块到住户的距离对农村土地冲突具有显著的负面影响。

的价值就越高（Boserup，1965），对农村土地的争夺和发生农村土地
冲突的可能性也就越大。本章分别用灌溉缺水、农户离最近的水泥路
距离和农村合作医疗表示农村土地（农业）的价值。农村土地灌溉缺
水程度越高，农户离最近的水泥路距离越远，农村土地（农业）的价
值越低。农村合作医疗提高了农民的健康保障，相当于提高了从事农
业的收益。

（3）家庭人力资本。这是一个被学术界普遍忽视却可能非常重要
的因素。农村土地冲突大多伴随着打架、斗殴等肢体冲突，因此家庭
人力资本越多，在冲突中越有利，发生冲突的可能性越大。在农村土
地冲突中可能发挥重要作用的家庭人力资本有五项：一是健康状况。
身体状况越好，卷入冲突的可能性越大，本章用上年全家医疗费用表
示。全家医疗费用越多，表明家庭人力资本越少。二是儿子数。三是
兄弟人数。在农村，男性具有明显的性别优势，因此儿子和兄弟越
多，卷入冲突的可能性越大。四是干部资源。干部的调解或裁决对农
村土地冲突的解决具有重要作用，亲属中干部资源越多，在冲突中越
有利，卷入冲突的可能性就越大。五是人际关系。对人际关系处理得
越好，对人际关系就越满意，就越不容易卷入农村土地矛盾，农村土
地冲突发生的概率就越小。

农村土地冲突（c）是 0—1 二值变量，不发生取值 0，发生取值
1，应用 Logit 概率模型进行回归分析，笔者设定的模型如下：

$$\ln \frac{P(c=1)}{1-P(c=1)} = \beta_0 + \sum_i \beta_i x_i + u \qquad (1.1)$$

其中，x_i 是影响农村土地冲突的第 i 个变量，β_i 是相应的系数向
量，β_0 是常数项，u 是误差项。

在模型（1.1）中，回归系数 β_i 度量的是，当其他因素都保持不
变时，x_i 变化一个单位所导致的农村土地冲突发生概率与不发生概率
比自然对数的变化量。e^{β_i} 为发生比率（Odds Ratio，即 OR 值），度量
的是自变量 x_i 变化一个单位所导致的农村土地冲突发生概率与不发生
概率比是变化前的倍数。

第三节　样本概况

一　农村土地冲突概况

本章实证分析所使用的数据来自 2006 年 7 月笔者组织的问卷调查。笔者调查了湖南省 7 个县市的 109 名农民和湖北省 6 个县市的 131 名农民，其中遭遇过农村土地冲突的农民有 8 名，占 3.33%（见表 1-1）。

表 1-1　　　　　　　　2006 年样本农民冲突概况

所在村组	农户编号	冲突原因	涉及耕地面积（亩）	冲突对方身份	冲突表现	解决形式	出面解决者
湖南省 H 村 4 组	12	争夺山林所有权	—	农民	口角	调解	乡村干部
湖南省 H4 组	15	争夺山地所有权	0.5	农民	口角	调解	乡村干部
湖南省 M 新乐组	1	想买邻居的宅基地，扩大活动空间，但协商未果	0.5	农民	口角	未解决	无
湖北省 P 村 2 组	13	土地分配	6	农民	口角	调解	乡干部
湖北省 J 村 2 组	1	征地补偿	—	县乡政府	上访	未解决	无
湖北省 J 村 2 组	17	耕种了别人抛荒的土地，不愿意归还	3	农民	口角	调解	村干部
湖北省 J 村 2 组	21	向村民要回抛荒后被集中耕种的农村土地	17	农民	口角	未解决	无
湖北省 H 村 5 组	17	为多分 1 亩地	1	农民	打架	调解（罚款 500 元）	乡村干部

资料来源：笔者 2006 年调查数据。

在 8 起农村土地冲突中，有 6 起是争夺土地使用权，1 起是有关征地补偿，1 起是为了获得宅基地；涉及面积 0.5—17 亩不等；冲突对象只有 1 起是县乡政府，其他均为同村农民；冲突方式有 1 起是上访，1 起打架，其他均为口角。

二 样本特征

表 1-2 给出了解释变量的特征值。农村土地承包满意度分为三个等级，分别赋值 0、1 和 2，其平均值为 1.51；家庭人均耕地面积为 1.86 亩，最多的为 9 亩，也有农户没有种田；人均耕地的基尼系数较小，平均仅 0.25，最高的也只有 0.41，最低的不过 0.10。

被调查者家庭人均非农收入为 2329 元，最多的为 16667 元，也有农户因从事非农业活动而人均欠债 2250 元；家庭人均非农收入基尼系数较大，平均为 0.54，最高的达 0.86，最低的为 0.30。

66% 的被调查者感到不同程度的灌溉缺水；62% 的被调查者所在地区实行了农村新型合作医疗制度；农户与最近的水泥路之间平均相距 1.26 公里，最远的达 18 公里，最近的就在水泥路边。

上年全家医疗费用平均为 1338 元，最多的为 25000 元，也有农户完全没有看病；被调查农户平均有儿子 1.06 个，最多有 5 个，也有无子户；被调查者平均有 2.51 个兄弟，最多的有 7 个，也有的没有兄弟；在村干部、乡镇干部和其他政府部门干部中，有的农户中有人担任其中之一，有的有人担任其中之二，有的三类都有，也有的都没有，如将这四种情况分别赋值 1、2、3 和 0，则干部资源变量的平均值为 0.24；人际关系满意度分为三个等级，分别赋值 0、1 和 2，其平均取值为 1.57。

表 1-2　　　　解释变量的定义及特征值（样本数 = 240）

变量	单位或定义	平均值	标准差	最大值	最小值
A. 农村土地分配					
农村土地承包满意度	对农村上地承包"满意"、"不好说"和"不满意"的分别赋值 2、1 和 0	1.51	0.72	2.00	0.00
人均耕地面积	亩/人	1.86	1.53	9.00	0.00
人均耕地面积基尼系数		0.25	0.10	0.07	0.41

变量	单位或定义	平均值	标准差	最大值	最小值
B. 非农就业					
人均收入	百元/人	23.29	28.33	166.67	-22.50
人均非农收入基尼系数		0.54	0.18	0.86	0.30
C. 基础设施					
缺水虚拟变量	缺水=1，不缺=0	0.66	0.48	1.00	0.00
合作医疗虚拟变量	已实行=1，其他=0	0.62	0.49	1.00	0.00
离最近的水泥路距离	公里	1.26	1.45	18.00	0.00
D. 人力资本					
上年全家医疗费用	百元	13.38	23.02	250.00	0.00
儿子数	人	1.06	0.80	5.00	0.00
兄弟数	人	2.51	1.19	7.00	0.00
干部资源	家里有人担任村干部、乡镇干部和其他政府部门干部之一的取值1，之二的取值2，之三的取值3，完全没有的取值0	0.24	0.54	3.00	0.00
人际关系满意度	对人际关系"满意"、"不好说"和"不满意"的分别赋值2、1和0	1.57	0.62	2.00	0.00

第四节 实证结果

表1-3是模型（1.1）的回归结果。作为比较，回归式（1）暂不考虑农村土地制度，仅考察非农就业、基础设施和家庭人力资本的影响。结果表明，人均非农收入及其基尼系数的回归系数分别在15%和10%统计水平显著为负，说明非农就业有利于降低农村土地冲突的发生概率，可能是因为非农就业具有"隧道效应"：其他人现在通过

非农就业获得了较高的收入，表明自己将来也有同样的机会，因此可以看淡农业收入，降低卷入农村土地冲突的概率。上年全家医疗费用和人际关系满意度在15%以上统计水平显著为负，说明家庭成员身体状况越好，农户对人际关系越不满意，卷入农村土地冲突的概率越高；儿子数在10%统计水平显著为正，说明农户儿子越多，卷入农村土地冲突的概率越高，人力资本是决定农村土地冲突的重要因素。其他变量均不显著，说明基础设施和其他人力资本对农村土地冲突发生没有显著影响。

回归式（2）加入了农村土地承包满意度，回归式（3）至回归式（5）进一步加入了人均耕地面积，回归式（3）和回归式（4）还分别加入了人均耕地面积基尼系数及其对数。由于土地所有者之间的土地不平等与农村土地冲突可能呈非线性关系，中等不平等程度的农村土地冲突或许最为严重（De Lucas and Sekeris，2010），因此在回归式（5）中还加入了人均耕地面积基尼系数的二项式。在这4个回归式中，非农就业、基础设施和家庭人力资本的回归结果与回归式（1）高度一致，农村土地分配制度变量在通常的统计水平均不显著。[①] 这些结果表明模型（1.1）是稳健的，农村土地分配制度对农村土地冲突没有显著的影响。

表1-3列出了基于回归式（3）计算出的 OR 值，结果表明，人均非农收入再增加100元，农村土地冲突发生概率与不发生概率比将下降7.6%；人均非农收入基尼系数再扩大0.18（一个标准差），农村土地冲突发生概率与不发生概率比将下降81.9% $[1 - (7.450E - 05)^{0.18}]$；全家医疗费用再增加100元，农村土地冲突发生概率与不发生概率比将下降14.1%；儿子再增加1人，农村土地冲突发生概率与不发生概率比将上升3.367倍；人际关系满意度再上升1个等级（共3个等级），农村土地冲突发生概率与不发生概率比将下降73.9%，这些与笔者本人对农村的观察也是基本一致的。

---

① 即使在10%的统计水平也都不显著。

表1-3　农村土地冲突决定因素的 Logistic 回归结果（样本数 =240）

	回归式 (1)	回归式 (2)	回归式 (3)	回归式 (4)	回归式 (5)	OR 值 (e^{β_i})
A. 农村土地分配制度						
农村土地承包满意度		-0.329 (0.63)	-0.468 (0.85)	-0.511 (0.92)	-0.660 (1.05)	0.600
人均耕地面积			0.114 (0.34)	0.109 (0.33)	0.119 (0.35)	1.115
人均耕地面积基尼系数的对数				1.531 (1.27)		4.623
人均耕地面积基尼系数			5.981 (1.10)		45.664 (0.80)	1.000
人均耕地面积基尼系数的平方					-74.095 (0.70)	1.000
B. 非农就业						
人均非农收入	-0.062** (1.51)	-0.066 (1.52)	-0.077 (1.49)	-0.079 (1.49)	-0.080 (1.49)	0.924
人均非农收入基尼系数	-9.013* (1.95)	-9.283* (1.90)	-9.158* (1.90)	-9.505* (1.96)	-10.611* (1.91)	7.450E-05
C. 基础设施						
缺水虚拟变量	0.766 (0.70)	0.910 (0.80)	0.736 (0.67)	0.715 (0.66)	0.664 (0.60)	2.043
合作医疗虚拟变量	0.631 (0.45)	0.578 (0.40)	0.185 (0.12)	0.230 (0.15)	0.513 (0.34)	1.259
离最近的水泥路距离	-0.146 (0.25)	-0.201 (0.33)	0.128 (0.26)	0.131 (0.27)	0.044 (0.07)	1.140
D. 家庭人力资本						
上年全家医疗费用	-0.150* (1.71)	-0.150* (1.73)	-0.150* (1.73)	-0.152* (1.74)	-0.161* (1.77)	0.859
儿子数	0.920 (1.62)	0.971* (1.66)	1.179* (1.75)	1.214* (1.78)	1.262* (1.85)	3.367
兄弟数	-0.085 (0.20)	-0.113 (0.25)	-0.105 (0.22)	-0.104 (0.21)	-0.104 (0.21)	0.901

续表

	回归式 （1）	回归式 （2）	回归式 （3）	回归式 （4）	回归式 （5）	OR 值 （e^{β_i}）
干部资源	0.393 （0.54）	0.402 （0.57）	0.568 （0.76）	0.594 （0.79）	0.654 （0.85）	1.811
人际关系满意度	-1.461** （2.42）	-1.430** （2.36）	-1.359** （2.27）	-1.344** （2.24）	-1.344** （2.20）	0.261
湖北	0.565 （0.39）	0.477 （0.32）	1.148 （0.72）	1.285 （0.81）	1.838 （0.99）	
常数项	2.624 （0.98）	3.266 （1.09）	0.652 （0.20）	4.531 （1.39）	-3.262 （0.49）	
loglikelihood	-23.459	-23.262	-22.456	-22.305	-22.148	
Pseudo R^2	0.331	0.337	0.360	0.364	0.369	

注：括号内为 Z 值的绝对值，＊＊和＊分别表示在10%和15%的统计水平显著。

第五节　结语

与通常看法不同，本章的实证分析没有发现农村土地分配制度对农村土地冲突具有显著的影响，不是农村土地冲突的显著诱因。其原因可能在于，农村改革之初，农村土地分配是按照家庭人口和（或）劳动力平均分配的，此后虽然经过数次调整，但规模较小且大多经过农民自主协商，或者是农民自发自愿完成的，因此没有引起农民的明显不满和成为农村土地冲突的原因。

本章的研究还表明，非农就业收入越高，非农就业收入差距越大，农村土地冲突发生的概率越小。非农就业收入越高，表明农村土地和农业的相对重要性越低；非农就业收入差距越大，表明"隧道效应"越强，人们越寄希望于通过非农就业增加收入，农村土地和农业的重要性越低，农村土地冲突发生的概率自然就越低。因此，促进农村劳动力非农就业和转移是降低农村土地冲突的一个重要途径。

　　本章的另一个重要研究发现是，家庭人力资本越多，农村土地冲突发生的概率越大，表明在当今农村，"丛林法则"仍在发挥作用。村干部（尤其是村支书）因其特殊的村级组织代理人身份，发挥着承上启下的作用，大多拥有深厚的人脉资源和庞大的家族势力背景，在农村土地流转和使用权分配中拥有重要的决定权，对农村土地冲突的形成和发生可能具有重要的影响。

第二章 村干部理性与村级自治下的村干部行为研究

第一节 引言

村干部负责贯彻、落实上级各项路线、方针、政策,行使村级组织公共权力、管理公共事务、提供公共服务,并享受一定政治经济待遇。村干部不属于国家公务员,为游离于国家行政干部体制之外的、不在编、不脱产干部,应通过村民自治机制选举产生。农村税费改革前,村干部的报酬主要由村集体和村民负担,农村税费改革后,虽然财政转移支付为村干部报酬提供了主要保证,但只要村干部是理性的,为了尽可能增加额外收入,有的村干部就会利用土地等集体资源以权谋私。那么,村干部是否真的理性?这一问题可通过破解"斯密悖论"寻求答案。

第二节 从"斯密悖论"看村干部理性*

一 前言

英国学者亚当·斯密(Adam Smith,1723 – 1790)一生仅出版两部著作,均为传世名著。他在 1776 年出版的经济学名著《国富论》

---

* 本节原载《河南工业大学学报》(人文社会科学版)2014 年第 2 期,原标题为《同情心的利己性与"斯密悖论"的破解》。

中认为人具有利己心，都追求"自我利益"，并认为这是经济发展的基本原动力；而在 1759 年出版的伦理学名著《道德情操论》中又认为，人有同情心，是利他的。这两种人性观似乎相互矛盾。这就是著名的"斯密悖论"，又称"斯密问题"或"斯密之谜"。

"斯密悖论"最早由德国学者约瑟夫·熊彼特提出，至今已争论一个半世纪，但尚无定论，两种观点仍然针锋相对：

一些学者认为，"斯密悖论"确实存在。苏联学者卢森贝（1959）认为，斯密在《道德情操论》中研究道德世界的出发点是同情心，而在《国富论》中研究经济世界的出发点则是利己主义，两者是相互对立的。中国学者宛樵东和吴宇晖（1986）也认为，"斯密悖论"是存在的。周中林（2005）指出，人是"经济人"与"道德人"的统一体，人的利己心和同情心作为一个相互对立的统一体共存于人的本性之中。张晓星（2005）认为，"经济人"与"道德人"之间的人格分裂并非斯密有意制造，而是人性二元论的本真反映，揭示了商品经济条件下人类经济与道德生活之间的内在紧张和经济学与伦理学之间的深刻悖论。陈其人（2003）则指出，斯密混淆了"自然人"和"经济人"，自然人不分自己和他人，利己与利他是完全统一的，而"经济人"的行为目的是利己，利他只是手段，《道德情操论》认为人是有同情心的，指的是"自然人"道德；而《国富论》认为人是自利的，说的是"经济人"行为准则，即"经济人"道德，两种道德的基础不同。

也有学者认为，所谓的"斯密悖论"并不成立。拉斐尔和麦克菲（Raphael and Macfie，1999）在《道德情操论》编者序中指出，"斯密悖论"是因无知和误解而产生的伪命题，只要读过《道德情操论》早期的某一版本，继而再读过第六版的人，都不会对斯密写下《道德情操论》和《国富论》而感到迷惑。中国一些学者也持此观点，例如：朱绍文（2011）指出，"斯密问题"是一个伪命题，是对斯密思想的无知和误解；蒋自强等（1997）在《道德情操论》译者序中指出，所谓的"斯密悖论"其实是对斯密著作的误解，尤其是对《道德情操论》的误解，并从多方面论证了"斯密学术思想体系在本质上的一致性"；万俊人（2000）则认为，"斯密悖论"并不构成真正的问题；苏辉（2011）分析指出，"斯密悖论"可以用斯密的同情理论加以解释。

本节尝试从同情心的自利性角度论证"斯密悖论"并不成立。本节研究有助于认识人性，而这是认识世界、改造世界的基本前提之一，因此具有重要理论价值；也可为制定精神文明建设的相关法规提供参考，有利于完善相关的社会政策措施，也具有重要的现实意义。

二　"斯密悖论"的实质

斯密在《国富论》中说："在经济生活中，一切行为的原动力主要是利己心，而不是同情心或利他主义。每个人都追求自己的利益，但由于人的需要繁多，不能完全通过自身的直接活动满足，不得不与他人发生交换。但只有考虑他人的需要，交换才能成功。因此，只有考虑他人的利益，最后才能实现自己的利益。总之，以利己心为基础的个人利益与社会利益是一致的。人们在追求自我利益的同时，也促成了社会利益。""我们每天所需要的食物和饮料，不是出自屠户、酿酒家或烙面师的恩惠，而是出自他们自利的打算。""……一般地说，他并不企图增进公共之福利，也不知道他所增进的公共福利为多少。他所追求的仅仅是他个人的安乐，仅仅是他个人的利益。"由此可见，斯密所说的人的利己心即"利己性"①，具有如下特点：第一，局限于经济领域；第二，需要通过市场交换才能得以实现；第三，从事经济活动的目的是得到物质回报，为别人做事都是为了自己的利益；第四，主观上为自己，客观上也增进了他人和社会的利益，利己是目的，利他是手段，结果是既利他也利己。

斯密虽然认为"每个人生来首先和主要关心自己"，但也主张对他人的同情是人们与生俱来的特质，人都具有设身处地换位思考的本能，即同情心。他在《道德情操论》中写道："无论人们认为某人怎

---

① 利己与"理性"常被等同看待，但两者具有明显区别，后者即"经济人假设"，认为人们追求的是物质回报的最大化，前者虽然也指追求物质回报，但不一定是回报的最大化，或者只是有限条件下的最大化。日本学者中兼和津次（1993）曾将理性分为三个层次（标准）：最弱标准，是指选择最好的手段实现既定的目标；中间标准，是指尽可能提高效率；最强标准，是指追求利润最大化。按此标准，利己仅是最弱的理性，是理性的最低层次。

样自私，这个人的天赋中总是明显地存在着这样一些本性，这些本性使他关心别人的命运，把别人的幸福看成是自己的事情，虽然他除了看到别人幸福而感到高兴以外，一无所得。这种本性就是怜悯或同情，就是当我们看到或逼真地想象到他人的不幸遭遇时所产生的感情。我们常为他人的悲哀而感伤，这是显而易见的事实，不需要用什么实例来证明。这种情感同人性中所有其他的原始感情一样，并不仅仅为品行高尚的人所独有，虽然他们的这种感觉也许比其他任何人都更为敏锐强烈，即使是最残忍的恶棍、最麻木不仁的匪徒，也不至于完全没有这种感觉。"由此可见，斯密所说的"人的同情心"具有如下特点：第一，不局限于经济领域，同情的是他人的遭遇，大多属于社会方面；第二，不需要通过市场交换；第三，没有利己动机，同情他人无须回报。

在斯密看来，利己心具有利己动机，而同情心却没有，这是"斯密悖论"的实质。数百年来，人的利己性得到社会各界的广泛认同，构成了西方社会的立法基础，也是新古典经济学的基本假定前提。因此，"斯密悖论"是否成立，取决于"人的同情心"是否违反了利己性。如果没有违反，也就是说，人的同情心也是出于利己动机，那么所谓的"斯密悖论"就不成立。否则，"斯密悖论"就确有其事。因此，破解"斯密悖论"的关键是弄清同情心是否具有利己动机。

斯密对同情心没有利己动机的判断很武断，认为是"显而易见"的。但是，同情心是否具有利己动机只能从其行为表现——同情来加以观察和判断。

三　同情的利己性

斯密所说的"同情"指"怜悯"和"体恤"，即用自我想象力去体会和经历他人的感情，对别人的悲伤和其他情绪进行设身处地的换位思考，"如果自己处于上述境地而又能用健全理智和判断力去思考，自己会是什么感觉"，从而形成同感，原因在于我们无法直接体会别人的感觉，因此只能通过设想自己在同样情景下的感受来体会，即设身处地为他人着想，感同身受，是非经济领域的精神活动，不能进行市场交换。

斯密在《道德情操论》中指出同情心的三个表现，即谨慎、正义和仁慈；谨慎即节制，是指自我约束；正义是指尊重其他人权利和自由；仁慈是指同情、关爱他人。斯密称这些为社会美德。

斯密在《道德情操论》中还进一步认为，同情的基础是合宜性。我们评判他人情感及行为的起点和基础是他人与我们一致的情感。他人希望获得我们的认同感，我们也希望自己的行为获得他人的支持，符合别人的道德标准，这就是合宜性。

合宜性决定了同情的选择性和差异性。选择依据有三：一是亲缘。人们之间的关系越远，感情就会越淡薄。斯密在《道德情操论》中写道："对那些与我们毫不相关的人来说，我们既无法帮助他们也无法伤害他们，我们的关心是有限的。我们对两种个人不幸的同情容易超出适宜的范围。一种不幸首先影响与我们特别亲近的人，比如我们的双亲、孩子、兄弟姐妹或最亲密的朋友，因为影响了他们，然后才间接影响我们。"对他人的同情程度随亲缘关系的变远而逐渐降低：对双亲、子女和兄弟姐妹的同情强度最高，父母和子女之间可以无私奉献，兄弟姐妹之间会同甘共苦、鼎力相助；其次是其他亲戚；再次是关系好的朋友；最后是一般关系者；对不相关者少有同情；对不喜欢和结怨者不仅不会同情，还会心生厌恶和仇恨。二是地缘。空间距离的远近也影响同情的程度，距离越远，同情程度越低。三是信仰。具有相同信仰的人，合宜性较高，容易产生同感，会同情彼此的遭遇；信仰差异越大，同情程度就会越低。

同情的选择性和差异性又决定了同情的利己性。首先，同情的选择性决定了同情的利己性。纯粹的商业性利己行为是没有选择性的，只要能增加自己的收益或福利，就不会区分交易对象，只认钱不认人。如果区分交易对象，则表明带有盈利以外的动机。例如，在完全相同的情况下终止了与某人的交易可能是因为曾经和某人有过节或理念不同，因此不是纯粹的经济利己行为。同样，如果对他人的同情没有利己动机，也不应该有选择性，行为主体在实施纯粹的利他行为时不应区分对象。否则，就可能带有利己动机，而不再是纯粹利他的同情。如果没有利己目的，为什么要选择和区分对象？同情谁对谁施利不都一样？这种选择性决定了同情的利己性，不论是同情心理，还是基于同情心的利他行为，都具有选择性，表明同情是寻求回报的，同情心也有利己动机。其次，同情的差异性进一步决定了同情的利己性。纯粹的商业性利己行为不会因亲缘、地缘和信仰差异而不同。如果出售一件商品时因顾客与自己在亲缘、地缘和信仰方面的差异而索求不同价格，一定是已经得到或预期可以得到其他方面的回报予以弥补。同样，同情程度如果因与施与对象在亲缘、地缘和信仰方面的差异而有所不同，一定是已经得到或预期可以得到其他方面的回报加以弥补，表明了同情的利己性。

事实上，斯密在《道德情操论》中也承认："处于自身弱点以及对获得他人帮助的需要的认识，当一个人看到他人情感跟他一致时，就会感到高兴，因为他由此获得了他人帮助的保障，而当他发现他人的情感与自己相反时，他就知道自己无法获得帮助，并因此而感到沮丧。"这清楚表明，斯密也认识到同情的利己性。

四　同情的回报

同情首先是一种心理活动，有时又不仅仅停留于心理层次，可能演变成进一步的外在行为，去帮助那些遭遇不幸的人，即采取利他行为。不论是利他行为，还是同情心理，行为主体在施与同情行为时都能预知回报，只是这种回报可能大多不是物质方面的。

（一）利他行为的回报

1. 精神回报

一是来自外界的精神回报。贝克尔（1993）认为，利他行为在表面利他的背后都有利己动机，只不过行为人追求的可能不是物质产品、货币收入和服务等物质上的利己，而是受人尊重、社会地位、声望和名誉等精神层面上的非财富性"社会价值"的回报。这些虽然不是商品，不能在市场上通过直接购买得到，但可以采取迂回的方式，利用自己的资源（货币、时间等）影响其他人对自己的看法，让他人回报自己，提高自己的社会价值，进而提高个人效用。因此，社会领域的利他行为与经济领域的利己行为虽然形式不同，但在追求回报这一点上是相同的。

具体来说，一个人要受人尊敬、荣誉和社会地位等带来的效用或满足，就必须考虑并满足他人需要，根据自己的各种资源约束和社会环境，采取有效的"生产"行为。以"受人尊敬"为例，从理论上讲，有多种方法可以实现，如积累物质财富、掌握政治权力和行善等。至于采取哪一种方式，取决于个人的禀赋、所处社会或环境是更重视权力、物质财富，还是利他主义价值。在个人禀赋一定的情况下，采取其中的哪一种方式则取决于社会环境，因此，一个人在美国和中国的行为完全不同。相反，如果社会环境一定，采取哪一种方式则取决于个人拥有的"资源"禀赋。由于每个人的资源禀赋不同，采取的方法也因人而异，但都选择那种能以最有效的方式"生产"出最大量的个人价值——受人尊重的方法。因此，某些人之所以比其他人表现出更多的利他行为，并不是他们天生就更慷慨和更具有利他倾向，而是因为在上述各种具体约束条件下，利他行为是得到他所希望的"受人尊重"程度的最有效途径（杨春学，2001）。总之，形形色色的表面利他行为实质上仍然是利己、理性的。① 贝克尔对经济人假设的这一扩展影响深远，被广泛应用于社会科学其他领域，因此被称为"经济学帝国主义"。

二是来自内心的精神回报。感恩式的利他行为人也具有利己动机，也有心安的回报。例如，自己曾经在困难时得到帮助，因此想帮助和自己当初一样陷入困境的人，这实际上是一种感恩式的利他行为。这种利他行为虽然可能得不到来自施与对象的回报，但可以得到自己"心安"的回报，同样为施与人带来效用，正如斯密所言，人们通过利他行为来获取道德上的自我认同，得到自己心目中"公正的旁观者"的同情，进而感到快乐。

2. 物质回报

利他行为除来自外界的精神回报外，还可能有物质回报。例如，在有的国家，对见义勇为奖励颇丰。

3. 跨生命周期回报

（1）回报自己的来生。最为典型的是宗教信徒，他们相信因果报应和生命轮回，认为利他和行善即使不在今生也会在来生得到应有的回报。因此，在宗教信仰盛行的国家利他行为较多也就不足为奇了。

---

① 菲尔普斯（Phelps，2001）利用1976年美国心理健康调查数据验证了贝克尔提出的利他者也追求效用最大化的假说。

（2）回报子女，希望自己死后人们能善待自己后人。杨春学（2001）曾将个人总效用看成是本人效用和他人效用的总和，并将效用函数写为：

$$U_i = (1 - \alpha_i) u_i(c_i) + \alpha_i u_j(c_j)$$

其中，U_i 表示第 i 个人的总效用，$1 - \alpha_i$ 和 α_i 分别表示自己的效用和别人的效用的权数，$u_i(c_i)$ 表示自己的效用，$u_j(c_j)$ 表示自己的行为带给他人的效用。这一思想对重视亲情、将子女的幸福看成自己的幸福的国人尤其适用。

（二）同情心理的回报

同情心理如果仅仅停留在心理活动层面，不能使对方受益，甚至可能不为对方知晓，因此没有来自他人和外界的回报，但有来自自己内心的精神回报。例如，亲人死后，自己内心会很痛苦，如果在死者生前没尽到责任和义务，会很内疚和自责。这种痛苦、内疚和自责对死者和其他生者都没有益处，因此不大可能有来自外界的回报，但有来自自己心里的、减轻心灵痛苦的回报。同情心理的另一个回报是来世，这与宗教信仰密切相关，如相信自己死后可以得到已故亲人的谅解。这种回报虽然不易观察、无法量化，但对当事人来说是实实在在存在的。因此，同情心理也有利己动机，与人的利己心并不矛盾。

同情可能会表现为口头上的安慰，但有别于利他行为，更接近于同情心理。口头同情他人也可能获得对方的感激、社会的赞扬和尊敬等来自外界的精神回报，如被誉为心地善良，这有利于提高其社会信誉和建立人脉关系，进而取得物质利益。

综上所述，同情或者有来自外界的物质和（或）精神回报，或者有来自内心的精神回报（见图 2 - 1），表明同情心也有利己动机，与人的利己心并不矛盾。

（三）同情的效用

马斯洛需求层次论认为，人的需求是分层次的，低层次的需求得到满足后就会追求更高层次的满足。事实上，不同需求层次之间还可以互相转化，在物质、精神和肉体方面的牺牲可以换得物质、精神或肉体方面的满足。物质方面的牺牲能带来物质、精神或肉体方面的满足是显而易见的，物物交换可以增加满足感，购书阅读会带来精神上

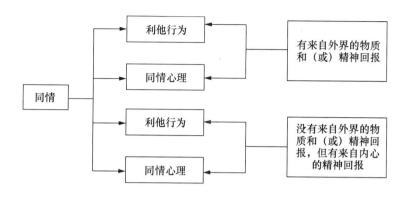

图 2 - 1 同情的回报

的愉悦，花钱治病能改善健康状况。精神方面的牺牲能带来物质、精神或肉体方面的满足也不乏其例：人的意念高度集中能焕发出常人难以想象的能量，如气功；爱能带来愉悦；爱还能使人身心健康。肉体方面的牺牲能带来物质、精神或肉体方面的满足也不难理解：劳累能带来收入的增加；自残身体能减少愧疚感、得到心理的平衡；植皮可以治愈烧伤。

行为主体知道，同情需要付出，这种付出可能是物质方面的，也可能是精神上的，甚至可能是肉体方面的，当然也会得到物质、精神或者肉体方面的回报。因此，同情是物质、精神和肉体间的相互转换，出于利己动机，也具有效用。考虑同情因素的效用函数可表示为：

$$u = g(X) + h(W - X)$$

其中，X 是实际享受的资源向量，W 是资源总量，$W - X$ 是花在"同情"方面的资源向量，$g(X)$ 是从享受自有资源中的一部分得到的效用，$h(W - X)$ 是自有资源中的一部分用于同情带来的效用。

五 "斯密悖论"的根源

"斯密悖论"起源于斯密在他仅有的两部名著中对人性的对立性描述。斯密因两部名著而名扬世界，是那个时代最伟大的思想家，影响深远，人们为他的学问所折服，不去怀疑他的分析可能存在着矛盾，而是盲目相信他的论述，接受人性是对立的观点。遗憾的是，斯密的分析并非总是逻辑一致（聂文军，2007）。例如，虽然他一生中的大部分时间都专注于《道德情操论》的写作、修改和完善，并于生前修订出版了六次，但他一方面在开篇就指出人具有无私的同情本性，另一方面又认为"处于自身弱点以及对获得他人帮助的需要的认识，当一个人看到他人情感跟他一致时，就会感到高兴，因为他由此获得了他人帮助的保障，而当他发现他人的情感与自己相反时，他就知道自己无法获得帮助，并因此而感到沮丧"，承认同情心的利己性。"斯密悖论"正是因为斯密对人性的矛盾性分析引起的，正如有人指出的那样，斯密写作《道德情操论》时，受哈奇逊（Hutcheson）的仁慈观（benevolence）和休谟（Hume）的同情观影响，将同情心看成是基本人性；但在写作《国富论》期间，他曾赴法国游学，深受重农学派"唯物"哲学观的影响，对人性的看法发生了变化，转而认为人的基本特性是利己性，由此导致了"斯密悖论"。

经济行为的利己性在日常生活中司空见惯，人们习以为常，但人们对同情的了解则知之甚少，"斯密悖论"的产生也与这种差异和不对称性密切相关：第一，经济行为的回报以市场为媒介，事先通过合约加以约定，较为确定；而同情的回报一般都不能通过合约加以约定，由社会习惯和个人信仰决定，不确定性大，多为事后，可以在今生得以实现，也可能跨越生命周期，来自前世和来生，还有可能没有回报。第二，经济行为的回报是物质性的，来自外界，易被观察，可以量化；而同情的回报大多是非物质性的，既可能来自外界，也可以来自个人的内心，不易被观察，难以量化。这些差异容易给人们造成"经济行为是利己的，而同情没有回报动机"的错觉。虽然利己心和同情心有以上诸多不同，但在追求回报和能够预知回报这两点上是相同的，二者并不矛盾。

六　小结

斯密在其伦理学名著《道德情操论》中认为人有同情心，是利他的。以上分析表明，同情具有选择性，同情程度因亲缘、地缘和信仰不同而不同，决定了同情的利己动机；同情的回报包括贝克尔所说的受人尊重、社会地位、声望及名誉等"社会价值"、可能的物质奖励和跨生命周期回报等。同情需要付出，这种付出可能是物质方面的，也可能是精神上的，甚至可能是肉体方面的，当然也会得到物质、精神或者肉体方面的回报。人们在施与同情时不仅有利己动机，而且能够预知可能得到的回报，与斯密在其经济学名著《国富论》中对经济人的利己性分析并不矛盾，人性都是利己的，只是在社会领域的表现与经济领域不同而已，很难有人做到毫不利己、专门利人和大公无私，古今中外，概莫能外，"斯密悖论"并不成立。

历史上长期存在的"斯密悖论"之争，表明经济利己与道德利他之间的关系不仅仅是一个重大理论问题，而且具有重大的现实意义（徐华，2005），破解"斯密悖论"具有重要的政策含义。既然人的同情具有"利己"目的，那么，仅仅提倡人要有同情心是难以使社会道德水准保持在较高的水平的。人们同情他人，施行善举，是希望得到回报的；如果失望了，以后就不会再继续这种善举。例如，一个人乘公交时给不方便的人让过座，但自己不方便时却没有得到同样的礼遇，之后就不继续让座了。因此，仅仅提倡人要有同情心虽然有利于社会风气的好转，但难以收到持续和普遍的效果，社会文明建设既需要舆论倡导，也需要适当的物质和精神激励，而宗教信仰自由是一种重要的精神激励方式（彭代彦，2011）。

本节分析也为村干部理性提供了重要理论支撑，人是理性的，中国的村干部也不例外。村干部理性的一个重要表现是随着环境的变化迅速调整行为模式，农村税费改革后，对乡镇的态度发生了显著变化，由原来的单一依附开始分化，具体可分为以下四类[①]：

第一，高度依附型，约占村干部总数的10%。税费改革后村支书的产生和政府对村支书的表彰方式没有发生变化，大约10%的村支书被树为典型，这些村干部仍然高度依附乡镇干部。

第二，依附型，约占村支书总数的40%。这类村庄集体收入较多，村支书通过侵占村集体收入可获得丰厚的工资外收入。因此，他们非常在乎这一职位，努力搞好与乡镇干部的关系，听从乡镇的指示，和农村税费改革前一样，表现出对乡镇干部的依附性，与乡镇干部保持着利益共同体关系。

---

① 这里的分析曾发表在《南京市委党校学报》2004年第4期。

第三，合作型，约占村支书总数的30%。这类村支书具有依附型村支书的一些特点，但由于村里的集体收入不多，工资一般也难以兑现，村支书职位对他们的吸引力大大下降，干不干两可。他们只是按部就班地完成乡镇布置的各项任务，与乡镇干部仅保持着工作关系，基本不考虑为村民服务。

第四，独立型，约占村支书总数的20%。这些村支书一般具有一技之长，是农村能人，改革开放初期担任过村干部，后外出闯荡或在农村搞副业，成功地积累了一笔财富，并建立了一些人际关系。其中一部分是由镇政府出面做工作、碍于情面才回村担任支书的。这类村庄基本没有集体收入。税费改革后，村干部的工资在完成农业税之后靠上级返还的农业税附加发放，但由于这些村外出户、困难户和难缠户较多，农业税更加难以收齐，因此村干部的工资基本无法兑现。所以，他们并不太看重这个职位，随时准备下台，只是消极地完成乡镇交办的各项工作，并开始转而看重村民对自己乃至子孙的评价，关心农民利益，希望能在任内为村民办一些实事，自己下台后也能得点实惠。在这类村支书中，还出现了一些具有反叛精神、敢于仗义执言和抵制乡镇下达的不合理任务，甚至不惜与乡镇干部撕破脸皮的人。

村干部理性说明宣传、说服和教育在解决村干部腐败问题方面的作用是有限的，遏制村干部腐败需要从制度建设上入手，加强法治建设。

第三节　村级组织的职能

《村民委员会组织法》对村级组织的职能进行了明确规定。村党组织要在农村各项工作中发挥领导核心作用，支持和保障村民开展自治活动和行使民主权利（第三条）。村民委员会是村民自我管理、自我教育、自我服务的基层群众性自治组织，其职责有：办理本村的公共事务和公益事业，调解民间纠纷，协助维护社会治安（第二条）；向人民政府反映村民的意见、要求和提出建议；协助乡、民族乡、镇的人民政府开展工作（第四条）；支持和组织村民依法发展各种形式的合作经济和其他经济，承担本村生产的服务和协调工作，促进农村生产建设和社会主义市场经济的发展（第五条）；宣传宪法、法律、法规和国家的政策，教育和推动村民履行法律规定的义务，爱护公共财产，维护村民的合法权利和利益，发展文化教育，普及科技知识，促进村和村之间的团结、互助，开展多种形式的社会主义精神文明建设活动（第六条）。

农村税费改革前，村级组织的职能包括收缴税费、落实计划生育政策、维护社会治安、发展集体经济和兴办集体事业五项。与前两项相比，后三项比较容易完成。发展集体经济和兴办集体事业是软任务，没有明确硬性的考核指标，大多地方也并没有纳入考核范围，事实上很多地方的具体经济和集体事业都是名存实亡，因此不存在着完不成的问题。维护社会治安也没有明确的考核标准，农民之间吵吵闹闹是常事，因此也考核不到村干部。由于各地都有外出打工户、难缠户和困难户，要完成各种税费的征收任务却非易事，这是许多村干部的主要工作之一。在中国农村，养儿防老、多子多福观念曾经根深蒂固，落实计划生育政策是一项艰巨的工作任务。超生多生曾经是农村工作的头等难事。为解决这一问题，乡镇政府和村干部曾大动干戈，几乎动用了一切可以动用的甚至是违法的手段。一些超生户房屋被拆除，口粮被弄走，有的更是背井离乡，农村干群关系因此曾极度紧张。这两项工作不仅占据村干部的绝大部分工作时间和精力，而且会使村干部得罪人，在村里树敌，付出巨大的隐性成本，因此担任村干部也是一项代价不小的工作。

当然，对农民来说，担任村干部具有很大的吸引力。首先，除能得到2000—5000元的年工资收入外，还可在接待上面干部下乡检查工作陪吃时多报多拿烟酒、分配计划生育指标时优先照顾亲戚朋友并受贿、将自己应承担的农业税负部分或全部摊转嫁到其他村民头上和侵占集体收入。其次，村干部尽管在以种田为生的农民中较为优秀，但一般也没有其他特长，担任村干部这一职位并不影响其从事农业生产，其机会成本很小。因此，一些农民还是愿意担任村干部的。不仅如此，为了保住自己的职位，他们大都对乡镇政府言听计从，积极完成各项任务，表现出了显著的依附性。他们大多性格乖巧、善于投机，治理农村有一套办法，但不具有开拓性。其中，一小部分村支书（约占10%）被树为了典型，获得了党代表、人大代表等各种荣誉，他们对乡镇政府更是表现出高度的依附性。

农村税费改革后，村级组织五项职能除第一项变为收缴两税及附加外，其余四项落实计划生育政策、发展集体经济、维护社会治安和兴办公益事业不变。在这五项职能中，除第一项外，其余四项都容易完成。首先，与过去相比，农村人口生育状况发生了根本性转变，超生多生的很少，即使按照政策可以生育二胎的独女户，许多也放弃了，限制超生多育的任务因此基本自行消失。村级组织的计划生育工作主要变成了优生优育和保健工作，有些还得到了政府补贴，因此容易落实。在笔者调查过的村中，村干部普遍反映，现在的计划生育工作好做，任务容易完成。① 其次，发展集体经济仍然是软任务，一般是发号召，没作为任务进行考核，因此也不存在完不成任务的问题。事实上，相当多的村根本就没有集体经济。再次，农村社会治安状况也有好转。笔者所到之处，村干部和村民普遍反映，现在尽管偶尔还有小偷小摸发生，但抢劫、打架斗殴几乎消失②，个别恶性案件归公安部门处理。因此，村级组织维护社会治安的任务也好完成。最后，上级政府对兴办集体公共事业和公益事业也没有提出明确要求，农村税费改革方案中决定取消或逐步取消"两工"，通过"一事一议"的方式兴办村公益事业，但没有规定通过"一事一议"兴办村公益事业应达成的指标。在被调查地区，乡镇政府都没有就此向村级组织提出

---

① 对于农村人口生育状况变化的原因，许多农民的解释是，生多了养不起。但这种解释经不起推敲，因为较10年前相比，人们的生活水平普遍得到提高，但在农村，孩子的抚养成本没有明显上升。真正原因可能在于，农村女孩的回报率大大提高，也能行使儿子的职能。农民之所以多生，是为了要儿子，而在农村，养儿是为了防老。现在，青年女子也多外出打工，婚前甚至比男青年更容易在城市就业，挣钱也不少；而婚后，妇女的经济地位也明显提高，对娘家的关照不亚于儿子对父母的支持，在一些农村地区甚至高于男性，因此，养女儿也同样能够防老。

② 这一点也与10年前（即1993年）笔者的调查结果形成鲜明对比。10年前，农村社会治安曾一度恶化，偷盗、抢劫、打架斗殴盛行。关于农村社会治安状况变化的原因，仙桃市的一位村干部说，由于前几年罚得狠，一些农民明白了冒犯罪的风险贪占一点小便宜不值得的道理。孝昌县的一位农民说，现在打架，不仅无理的要挨罚，有理的也要被罚，谁还会去打架呢？这些分析验证了"农民是理性的"的命题，他们确实对自己行为的利弊得失进行着权衡，理性地行动。

具体要求，2002年绝大多数村都没有提出过"一事一议"的议案，因此对村干部来说，也不存在完不成任务的问题。

但村干部要完成乡镇政府下达的税收上缴任务却不容易。尽管各地的村干部都反映，与税费改革前相比，现在收税及其附加容易多了，不交的农户大大减少，绝大多数农户都能按时足额上缴，但被调查村仍然都有一部分农户的税及附加没能收上来。这些农户可分为三类：（1）外出无主户。各地都有一些承包了土地，但实际上没有耕种而是外出打工的农户，他们的承包地或被抛荒，或由家人代种，或私自转包他人，有的农民外出临走时还留下过"今年不种田了"的话。由于找不到户主，这部分农户的农业税及附加当然无从收起。（2）经济困难户。各地都有一些因经济困难而无力上缴农业税及其附加的农户。（3）难缠户，即有履行能力但以各种理由拒不缴纳税费的"钉子户"。对于这些农户，村干部普遍束手无策。[1] 孝昌县邹岗镇香铺村有1316人，690个劳动力，316家农户，人均耕地0.85亩，2002年共有3万元的农业税及附加收不齐。未缴农业税及附加的农户构成是：外出打工户70户，占90.9%；难缠户4户（其中镇干部家属2户），占5.2%；困难户3户，占3.9%。

尽管村干部向农民收缴农业税及附加极其不易，但被调查村都完成了2002年上缴任务。为了完成任务，村干部主要采取了两类措施：第一类是借贷。具体又分为两种方式。一是村级组织直接向信用社和民间借贷。为完成上缴任务，孝昌县邹岗镇XP村以7%的年利息率从信用社贷款28000元。二是乡镇政府出面帮助那些无力从信用社和民间借钱的村向经济实力较强的村借贷。随州市均川镇ZJF村集体收入较多，村里应得的1万元返还款便由总支（乡镇政府的派出机构，分管若干个村）出面借给了另一无力完成农业税上缴任务的村。第二类是"永佃"耕地。仙桃市彭场镇HH村将无人耕种的土地以一次交清若干年的农业税及附加的条件"永佃"（当地农民称为"卖地"）给了村民。永佃期限分为5年和10年两种，每亩每年的农业税及附加分别为30元和20元。"永佃"制的实行使所有无人耕种的土地都

---

① 与农村税费改革前相比，这一状况没有发生变化（江观伙，1999）。

得到了承包和利用，这笔收入冲抵了村里未能收上来的部分农业税及附加和往年欠款。但这些耕地未来几年应承担的农业税及附加如何保证却是一个问题①，而这为新的村级债务留下了隐患。

村级组织之所以都能按时完成农业税上缴任务，是因为乡镇政府抓了村级组织的一个关键人物——村支书。与徐增阳和任宝玉（2002）及张超（2002）介绍的情形相似，在被调查村，笔者访谈过的几乎所有的村干部和农民都认为，村支书均居于村级组织的权力顶峰，掌握着村委会主任等其他村干部的任命决定权，在村级组织所有职能中发挥着核心领导作用，拥有村委会一切重大事务的决策权。其中有几次调查，村支书和主任都在场，他们都明确证实这一点。村主任人选一般由村支书推荐。由于选举时村民只能在村党支部（支书）物色的人选上画圈，因此，村支书推荐的自己信得过的人一般都能顺利地当选为村委会主任。在投票选举时，虽然候选人比当选人数要多，但通常只有1人，而且这位候选人与村支书推荐的候选人相比，大多实力相差悬殊，实际上只是陪衬人，陪选而已，不具有竞争力，等同于等额选举。其他村干部的产生过程也大体如此。② 这样产生的村主任自然不必考虑村民的意愿，心甘情愿地居"二把手"位置，成为村支书意志的执行者。乡镇政府下达的几乎所有任务，如计划生育、征兵、征收税费都是在村支书的领导下，由村支部组织落实完成的。为保证乡镇下达的各项任务的落实，乡镇政府狠抓了村支书这一核心人物。在与村级组织每年签订目标责任书时确定的第一责任人是村支书，乡镇干部下乡布置或检查工作时也是直接与村支书联系，乡镇包村干部的主要任务是协助支书做好村里的工作（徐增阳、任宝玉，2002）。

村支书之所以认真地完成乡镇政府下达的各项任务，有两个重要原因。首先，村支书事实上是由乡镇任命的，仅在形式上选举通过。仙桃市彭场镇 XK 村村支书是两年前由镇党委确定为人选、提请党员大会通过后上任的。而且，只要能与乡镇党委和政府保持一致，认真

① 村干部对此看法是，明年谁当干部难说，谁管得了那么远的事！

② 也许真有一些地方通过海选实现了真正的村级民主选举，但在笔者调查过的这些村，村级选举仍仅停留在形式上。

完成其交给的各项任务，村支书的任期是不受限制的。其次，村支书的补贴额是由乡镇政府决定的。在仙桃市彭场镇，村支书的补贴和各村干部补贴总额是由镇政府确定的，其他村干部的补贴则由村支书决定。不仅如此，能干的村支书还可得到各种政治荣誉和实际职位。如果仅仅只有乡镇任命村支书和决定其补贴额，还难以保证村支书必定完成乡镇政府交办的各项任务。要使大多数村支书完成乡镇政府交办的各项任务，还需要对其进行合理激励，使其得到与其工作量相当的报酬。同样，村级组织的其他干部只有在得到合理报酬的前提下，才会配合村支书认真完成乡镇下达的各项任务。

第四节　税费改革前村干部的报酬和激励

一　前言

要使村干部努力工作，按时完成乡镇政府交办的各项任务，就必须使其所得与其工作量大体相当。而这取决于两方面的因素：一是在村工作总量一定的情况下，合理配备村干部职数；二是在村工作总量和村干部人数一定的情况下，保证村干部得到合理的报酬。

二　村干部的构成、分工和报酬

（一）村干部的构成

表2-1列出了被调查村主要变量的特征值。被调查村村干部（包括村党支部和村委会的带薪干部，但不包括小组长）4—10人不等，平均为6人。表2-2列出了村干部人数最多和最少的两个村的干部分工情况。在村干部最多的村，干部之间的分工极细，有的工作如农业和民兵连工作甚至由2人分别负责，而在村干部最少的村，干部大多身兼数职。

表2-1　　　　　　　　　村级组织主要变量特征值

	单位	记号	样本村个数	最大值	最小值	平均	标准差
人口	人	POP	13	3983	1319	2526	930

续表

	单位	记号	样本村个数	最大值	最小值	平均	标准差
村民小组	个		13	16	6	10	3
耕地面积	亩	LAND	13	3001	690	1747	698
集体经济收入	元	CINCOME	13	80000	0	18438	25775
干部人数	人	CADRE	13	10	4	6	2
人口干部比	干部=1		13	661	236	398	128
支书补贴	元	WAGE	11	6000	2000	3555	1244
村干部最低补贴	元		11	5000	900	2727	1108
村干部平均补贴	元		11	5000	1833	3197	1040
村干部的最高补贴与最低补贴之比			11	4.8	1	2	1
村干部补贴总额	元	TWAGE	11	34400	9600	19473	8163
人均负担村干部补贴	元/人		11	13	5	8	2
亩均负担村干部补贴	元/亩		11	21	6	13	5
补贴兑现率	%	RWAGE	9	100	0	63	36

资料来源：笔者于 2003 年 2—3 月在湖北的调查。

（二）村干部分工

表 2-2　村干部最多和最少村的村"两委"人员构成及分工

干部编号	年龄	受教育年数	是否党员	职务	干部产生方式	担任时间	分工	年补贴额（元）	补贴兑现程度
阳新县浮屠镇 SQ 村									
1	54	11	是	支书	任命	14	全面	3800	全部
2	39	8	是	主任	选举	4	村委会、财经	3600	部分
3	42	11	是	副支书	选举	7	政法	3400	全部
4	33	8	是	副支书	选举	8	会计	3400	部分
5	35	11	是	副支书	选举	4	出纳	3400	全部

续表

干部编号	年龄	受教育年数	是否党员	职务	干部产生方式	担任时间	分工	年补贴额（元）	补贴兑现程度
6	50	8	是	副主任	选举	11	农业	3400	全部
7	45	8	是	副主任	选举	7	计划生育	3500	全部
8	39	8	是	副主任	选举	4	农业	3400	部分
9	51	8	否	副主任	选举	4	民兵	3300	全部
10	41	8	否	副主任	选举	2	民兵	3200	部分

孝昌县邹岗镇 XP 村

1	70	5	是	支书	党内选举	30	全面	3000	部分
2	40	11	是	主任	选举	0.5	经济	2900	全部
3	42	11	是	副支书	选举	15	组织、计划生育	2600	全部
4	42	11	是	会计	选举	7	财务	2600	全部

资料来源：笔者于 2003 年 2—3 月在湖北的调查所得。

（三）村干部报酬

一般来说，村干部人数由村规模决定，村规模主要反映在耕地面积和人口数量两方面。表 2-3 是村干部人数、补贴与村人口数、耕地面积和集体收入之间的相关系数矩阵。村干部人数与耕地面积之间的相关系数为 0.682，且在 15% 统计水平显著，表明二者之间呈显著的正相关关系。村干部人数与村人口数之间的相关系数为 0.437，在 15% 统计水平不显著，表明二者之间没有显著的相关关系。回归分析进一步证实了这一关系。表 2-4 中的回归式（1）是将村干部人数（CADRE）对人口数（POP）和耕地面积（LAND）进行回归得到的结果，人口回归系数在统计上不显著，但耕地面积的回归系数在 10% 统计水平显著，F 统计值表明，两个解释变量的系数均为 0 的原假说不能通过检验。也就是说，村干部人数是由村耕地面积决定的，这可能与农业税征收难度有关，因为耕地面积越大，不缴税及附加的农户可能越多，工作量越大。

表 2 - 3　　　　村干部人数、补贴与村人口数、耕地面积和集体
收入之间的相关矩阵（样本数 = 11）

	TWAGE	WAGE	CADRE	POP	LAND	CINCOME
TWAGE	1. 000					
WAGE	0. 699	1. 000				
CADRE	0. 666	0. 007	1. 000			
POP	0. 741 *	0. 424	0. 437	1. 000		
LAND	0. 545 *	0. 069	0. 682 **	0. 472	1. 000	
CINCOME	0. 097	0. 098	0. 149	0. 359	0. 486	1. 000

注：** 、* 分别表示单尾检定在 10% 和 15% 的统计水平显著。

表 2 - 4　　　　村干部人数和村支书补贴决定因素的回归分析
（样本数 = 11）（推算方法 = 最小二乘法）

回归式	因变量	常数项			POP			LAND			调整的 R^2	F 统计值	
		系数	T 值	显著水平	系数	T 值	显著水平	系数	T 值	显著水平	取值	取值	显著水平
(1)	CADRE	2. 901	2. 10	0. 069	0.299×10^{-3}	0. 51	0. 623	0. 001	2. 12	0. 069	0. 352	3. 719	0. 072
(2)	WAGE	2350. 62	1. 93	0. 089	0. 723	1. 41	0. 197	− 0. 292	− 0. 473	0. 649	0. 003	1. 015	0. 405

村干部职数确定之后，人均工作量也就相应确定了，对村干部的激励则主要反映在补贴（即工资①）上。被调查村之间干部补贴差异很大。在 15 个被调查村中，有 13 个在干部之间实行了差别补贴，占86. 67% 。在这些实行了差别补贴的村中，村支书的补贴最高，村支书与其他干部之间的补贴差距最大的为 4. 8 倍，平均为两倍，与其作为村级组织的核心领导承担的责任最大、工作量最重相一致。

各村支书之间的补贴差别也很大，最高为 6000 元，是最低的 3

① 因为村干部和普通农民一样，都经营农业，担任村干部如同兼业，因此其报酬被称为补贴。

倍，平均为 3555 元。但村支书补贴与村人口数和耕地面积之间没有显著相关关系（见表 2 - 3），回归分析的结果也与此相一致。表 2 - 4 中的回归式（2）是将村支书补贴（WAGE）对人口（POP）和耕地面积（LAND）进行回归得到的结果，两个解释变量的回归系数在统计上不显著。也就是说，村人口数和耕地面积不是村支书补贴的决定因素。事实上，如前所述，村支书补贴是由乡镇政府根据各村上缴的税收额确定的。

村干部补贴只是名义上的，并非一定能够完全兑现。各村之间兑现程度差异很大，最好的全部兑现，最差的完全没兑现，平均兑现率为 63%（见表 2 - 1）。从理论上讲，补贴兑现率取决于补贴总额、耕地面积和村集体收入等因素。在其他因素一定的情况下，补贴总额越大，兑现率越低。同样，耕地面积越大，则农业税附加越多，用于村干部补贴的部分也越多，兑现率越高；村集体收入越多，用于村干部补贴的部分也越多，兑现率越高。但笔者利用 9 个报告了兑现率的村的数据计算得到的兑现率（RWAGE）与补贴总额（TWAGE）、耕地面积（LAND）和村集体经济收入（CINCOME）之间的相关系数分别为 - 0.406、- 0.487 和 - 0.589，在 5% 水平均不显著，表明这些都不是村干部补贴兑现程度的决定因素，回归分析的结果也与此相一致。将兑现率对这三个变量进行回归得到的回归系数在统计上不显著，F 统计值表明三个解释变量的系数均为 0 的原假说能够通过检验。

$$RWAGE = 102.635 - 0.0012 \times TWAGE - 0.0014LAND - 0.0006CINCOM$$
$$(3.513)\quad(0.817)\qquad(0.071)\qquad(1.347)$$

括号内数值是 T 统计值的绝对值，样本数为 9，调整的 R^2 = 0.014，F 统计值 = 1.433。

如果村干部的补贴与工作量是相当的，村干部补贴没有完全得到兑现就意味着他们的一部分工作没有得到回报，但村干部的工作积极性和村级组织的运行并没有因此受到影响。那么，村干部是否有其他收入作为补偿？村集体收入是一个可能的来源。

三　报账制度、村务公开与村干部的灰色收入

农业税费改革方案规定，村干部工资和村级组织的运行费用由农业税附加支付，而只有当农业税上缴任务完成之后，乡镇政府才向村

里返还农业税附加，但由于各地都有"三户"（即困难户、难缠户和"钉子户"），许多村难以真正得到农业税附加的返还。因此，在这些地方，村干部的工资大多多年没有兑现。尽管村干部对此意见很大，牢骚满腹，但其工作并没有因此受到影响，原因就在于村干部通过占有集体收入获得了部分甚至超额补偿。随着农业税的降低和最终取消，通过征收农业税附加来保证村干部的工资和村级组织的运行费用的可能性将进一步降低。对于许多没有其他集体收入的村级组织来说，集体土地的出租和出卖收入可能是村干部收入的主要甚至唯一来源，是他们能分享到的集体经济的最后一块"蛋糕"。为了弥补因农业税附加等收费下降所导致的收入减少的损失，村干部可能会进一步增加集体土地的出卖和出租，从而使村民和村干部之间的分配不公问题进一步恶化。这种情况已经在一些地方初现端倪。黄冈市 L 村地处丘陵农区，人均耕地不过 1 亩，但 2002 年村干部托关系将 80 亩土地以每亩 8000 元的价格卖给了某发电厂，失地农民得到了每亩 5000 元的补偿。村干部还希望能进一步出卖土地，笔者在当地调查时，他们对笔者寄予厚望，希望能牵线搭桥。为了有效支配土地，村级组织可能会进一步将小组所有的土地上调为村集体所有。与 L 村相邻的黄冈市 J 村近几年不断在将村民小组所有的土地上调为村所有，然后由村干部直接发包。

为杜绝村干部随意开支集体收入的现象，使村财务管理制度化，农村税费改革方案强调了村民民主理财、村务公开和村账乡（镇）管三项配套制度。为规范村合作经济组织的财务行为，1996 年 3 月财政部发布了《农村合作经济组织财务制度（试行）》，规定村合作经济组织的财务管理要坚持民主理财的原则，按月或按季公布收支明细表及有关账目，年终进行财务检查和清理，公布全年财务收支账目。村合作经济组织要建立由群众选举产生的代表和有关村干部参加的民主理财组织。民主理财组织定期召开理财会议，认真听取和反映全体成员的意见和建议，并监督财务制度的实施情况，检查财务计划、收益分配方案、公积金、公益金、福利费的提取和使用，管理人员工资的确定，承包合同及其他经济合同的执行和实施情况及现金、银行存款、物资、产成品、固定资产的库存情况和会计账目。为加强对农村

集体财务活动的民主监督，农业部和监察部还于 1997 年 12 月发布了
《农村集体经济组织财务公开暂行规定》（以下简称《暂行规定》），
要求村集体经济组织实行财务公开制度，定期如实地向全体村民公布
财务活动情况及有关账目，由村民大会或村民代表大会选举产生的民
主理财小组对财务公开活动进行监督。财务账目张榜公布后，村集体
经济组织的主要负责人要安排专门时间，接待群众来访，解答群众提
出的问题，听取群众的意见和建议。根据《暂行规定》，村集体经济
组织成员享受的权利有：对所公布的财务账目提出质疑；委托民主理
财小组查阅审核有关财务账目；要求有关当事人对有关财务问题进行
解释或解答；逐级反映财务公开中存在的问题，提出意见和建议。而
民主理财小组享有以下监督权：对财务公开情况进行检查和监督；代
表群众查阅审核有关财务账目、反映有关财务问题；对财务公开中发
现的问题提出处理建议；向上一级部门反映有关财务管理中的问题。
村账乡（镇）管则是将村集体收入集中到镇经管站（农村服务中心）
进行统一管理，各村的开支到镇经管站（农村服务中心）报销，各行
政村不再设会计和出纳，只设一位报账员，负责现金的代收代付制
度。各村报账员对本村发生的经济业务，持经办人签署事由的原始凭
证，经村委会主任（村民理财小组，村民议事会）审批①后，于一定
期限之内到中心报账。镇经管站（农村服务中心）要按时编制"村
合作经济组织财务公开明细表"，定期在各村公开。

在被调查地区，这三项制度在形式上均实行了，但实际还没有真
正实现。被调查村都成立了民主理财小组，但农民普遍反映民主理财
小组对村组财务的监督还只是停留在形式上，有的村民主理财小组
2002 年一次也没有开展过监督活动。民主理财小组成员主要由干部组
成，例如，阳新县浮屠镇 HD 村民主理财小组成员共有 9 人，其中村

---

① 根据金额不同，审批权限也不同。陕西省咸阳市秦都区渭滨镇规定，开支金额在
300 元以下的，村主任（经联社主任）审批；开支金额在 300 元以下至 5000 元的，经村民
理财小组同意，由村主任（经联社主任）签字审批，并附村民理财小组会议记录；开支金
额在 5000 元以上的，由村民理财小组、村民议事会同意，经村主任（经联社主任）签字审
批，并附村民议事会会议记录（参见《村财务到了非解决不可的地步》，《经济日报》2002
年 2 月 20 日第 3 版）。

干部 2 人，组干部 3 人，群众代表 4 人。群众代表一般也是任命的。民主理财小组成员的这种构成和产生方式使其不可能真正代表农民利益开展监督活动，相反却便于村支书统一意见，使其监督流于形式。据一些村民和民主理财小组成员反映，需要民主理财小组在报账单据上签字时，村支书一般都出面协商，民主理财小组成员都会尊重支书意见。

被调查村也都实行村务公开，但也仅停留在形式上。[①] 笔者在调查中就村务公开栏中内容的真实性询问过村民和干部。一些村民回答说，只有部分是真实的。对于这一点，村干部也毫不隐讳。例如，在阳新县白沙镇 SJ 村的财务公开栏的支出栏中，除"土地使用费"、"国家新税"、"办公费"之外，最后还有一项"费用"项目。虽然"办公费"仅 3752.00 元，但最后的这项"费用"达 11235.00 元。笔者向村支书询问其具体内容时，他承认，这其中包含招待费。

被调查村都实行了村账由乡镇经管站代管和报账制度。按照规定，农民可以到经管站查本村的账。笔者在调查中询问了一些乡镇书记、乡镇长和经管站长，但他们反映没有村民这样做过。阳新县白沙镇 SJ 村支书告诉笔者，看村务公开栏的人很多，但没有人就具体项目提出过质疑。

在这种事实上并不严格的村级财务制度下，村干部可以通过侵占集体收入来弥补未兑现的补贴部分。事实上，村集体收入是村干部收入的一个重要组成部分。仙桃市彭场镇 XK 村支书说，该村有 300 亩田没入账，每年的承包收入弥补了村里的各种开支。如果没有这一收入，村务将难以开展，不会有人愿意当村干部。孝昌县 XP 村有抛荒地 100 多亩，现承包给农民种桃树，合同期 3 年，每亩每年须交 20 元。但农民说，对退耕还林的耕地，一定年限内不仅不需交农业税，国家还给予补贴。这两笔收入可能进入了村干部的腰包。这种情况并

---

① 这种现象在其他地方也存在。例如，陕西省咸阳市秦都区渭滨镇某村出租土地，干部向村民出示的合同上标明的租金是每亩 800 元，实际上村干部与客商签订的租金是每亩 1200 元，这中间的差价就被村干部私分掉了（参见《村财务到了非解决不可的地步》，《经济日报》2002 年 2 月 20 日第 3 版）。

非个别现象。① 此外，村干部还可获得权利"租金"。如仙桃市彭场镇 HH 村为偿还村里的债务，2 年前决定卖掉村委会大楼（院）和小学，有村民愿意出 12000 元购买，但最终却以 7500 元的价格卖给了村干部的亲戚。村民估计，村干部从中得到了"租金"好处。② 仙桃彭场镇 XK 村某小组长说，村组干部在确定作为农业税税基的常年产量时，往往将本家族的常年产量定得较低，其他村民定得较高，从中也可获得好处。

总之，尽管村级财务在形式上实行了公开，但实际上并没有严格执行。至本书截稿时，据检察机关一线办案人员反映，村务政务不公开、账目混乱、财务管理不规范、会计手续履行不全、票据跨年度入账、资金体外循环、"白条子"和"假票据"入账情况相当严重，村里收入不入账、村干部公款私存和公私不分等在一些农村地区仍然较为普遍③，使得村干部可通过多种形式获得补贴外收入。这也是 2002 年村干部补贴的兑现率仅 63%，笔者在调查中也经常听到很多诸如"村干部没干头"、"下一届不干了"之类的牢骚，但真正辞职的并不多的原因。

四　小结

2002 年湖北农村税费改革基本达到了预期目的，农民负担得到显著减轻，但村干部补贴的兑现率平均仅 63%。不过，村干部辞职的并不多，村级组织的各项职责也得到履行，村级组织的运行没有受到不利影响，主要原因可能在于村干部通过侵占部分集体收入补偿了未兑现的补贴部分。因此下一步改革的重点之一应该是真正做到村级财务公开，使村干部的补贴硬化。

---

① 其他地方也存在这种现象。因村级财务制度不健全，监督不力，一些村干部作风腐化，如合伙私分集体财产，甚至侵吞税款和救济款；擅自提高工资标准，有的奖金种类多达 60 多种；虚报借款本金和利息；公款送礼等（参见《村组财务制度可否取消》，《经济日报》2002 年 4 月 5 日第 14 版）。

② 在举办公共项目时，乡村干部收受回扣是相当普遍的现象。例如，在湖北某村，修池塘和进行水利设施建设时，村干部必定收受回扣，有时甚至为了收受回扣而修池塘和购买学校设施（贺雪峰、王习明，2002）。

③ 参见《村官贪腐：发达地区靠拆迁征地　贫困地区靠截留》，http：//gz. house. 163. com/13/0905/08/980BAKL700873C6D. html。

村级组织的运行没有受到影响的另一个可能原因是，与他们实际承担的工作量相比，补贴定得太高，或者说与补贴相比，工作量太少。因此，可以通过精减村干部和（或）削减补贴来进一步减轻农民负担，增加农民收入。如前所述，村干部人数主要是由耕地面积决定的。孝昌县邹岗镇 XP 村是较好地完成各种工作任务的先进村，但村干部人数最少，仅 4 人，人均负担 280 亩耕地。按此负担能力，被调查村平均只需 6 名村干部，对于那些村干部人均负担耕地较少的村可以进一步精减干部。

村干部年均补贴为 3197 元，大大高于担任村干部的机会成本。如前所述，被调查地区都是传统农区，主要种植水稻，每亩水稻的年纯收入最多 150 元，3197 元的年补贴相当于种植 20 亩水稻，而这些地区户均种植面积最多也不到 10 亩，村干部的补贴大致相当于水稻专业农户纯收入的 2 倍。

另外，担任村干部并不是每天都有事做，大多数工作都是在机会成本为零的农闲期完成的，自家农活并没受到太大影响。因此，即使将人均补贴减少到补贴最低的村的标准，即 2000 元，也是现实可接受的。村干部平均补贴现为 3197 元，降低为 2000 元，即减少 1197元后，可使村民的亩均负担减少 4.11 元，下降 31.62%，人均负担减少 2.84 元，下降 35.54%。

第五节　农村税费改革后村干部对农村土地收益的依赖

农村税费改革后，村干部不能趁收农业税费之机增加工资外收入，其工资主要来自转移支付，但在有集体经济收入的地方仍可侵占村集体收入，在没有集体经济收入的地方会尽量侵占土地收益。

众所周知，中国农村土地制度的核心是农村集体所有和农户长期承包使用。农村土地承包使用制度为村干部侵占村集体收入提供了制度基础，造成了村民和村干部之间的分配不公。据笔者 2003 年对国家级贫困县湖北省阳新县和孝昌县、经济水平居中的咸宁市和黄冈市以及经济较为发达的随州市和仙桃市等 6 县市 20 个村的调查，集体土地的所有者主体有组集体和村集体，组集体所有土地一般被承包给了本组（村）农民耕种，而村集体所有的土地则大多由村干部发包给了外村农民经营。实行家庭承包责任制以来，村集体所有的土地所占比重呈增加趋势，为农村税费改革后村干部侵占农村土地收益提供了便利。一些村级组织通过出卖和（或）出租集体土地获得了大量收入，但这些收入大多没有被用于农村公益事业，而是落入了村干部的个人腰包，其中的一部分又被乡镇干部瓜分。出卖的集体土地大多是小组所有的农民的承包地，但承包农民只能得到土地出卖收入的极小部分，大头则归村里。

被出租土地则主要是没有承包给农户、归村集体所有的土地，其来源主要有四个：一是开荒。仙桃市 X 村属湖区，20 世纪 80 年代初实行家庭联产承包责任制时有大片地势较低的荒地没被纳入承包范围。后来这些荒地陆续被农民开垦，村级组织也收取了承包费，并随着最初的垦荒者的外出打工等人口流动，村级组织收取的承包费也在不断增加。但这些土地一直没有被计入纳税地面积，其承包收入也一直由村干部处置。二是村集体留用地。集体农业时期，许多地方的生产大队都直接掌握着一块耕地，主要用于补贴村干部和小学教师的工资，有的生产大队还拥有林地和水面。这些土地在实行家庭联产承包责任制后大多直接由村干部发包，但没被计入纳税面积，或其应纳税负被分摊到了其他农户的承包地上，这些土地的承包收入自然也归村干部支配。三是土地重新丈量后多出的部分。集体农业时期一些地方为了高报产量，实行的是每亩 1000 平方米的大面积。实行责任制后，村级组织在向农民发包土地时，又改按每亩 660 平方米的小亩计算，多出来的土地的发包收入自然属于村级组织所有。四是从小组上调的土地。在许多地方，村干部为了增加工资外收入，以加强统一经营为名，将小组所有的土地上调为村集体所有，提高承包费标准后再发包给外村人。实行家庭责任制以来，不少地方村干部一直在努力通过这种方式提高村集体土地所占的比重。在许多地方，村集体收入首先以多种形式被村干部（主要是村支书）占有，然后村支书会将其中的一部分献给乡镇干部，以确保得到乡镇的连续任命。农村土地承包使用制度为村干部占有和瓜分村集体收入提供了制度基础，诱发了村干部和农民之间的巨大矛盾，成为农村社会和矛盾的根源之一，在少数地方，这种矛盾已经演化成了现实的冲突（彭代彦，2004b）。

第六节 结语

村干部是理性的，在履行职责的同时，也追求自我利益。农村税费改革后，村干部不能再继续通过"搭便车"收费，通过侵占土地收益来增加额外收入，可能将会对各类土地使用权进行非规范甚至违法违规干预，而"县官不如现管"，在现有乡村管理体制下，村干部权力过分集中，监管存在盲区，正好提供了这种条件。

在广大农村，村级事务的决策都集中在村党支书和村主任等个别人或少数人手中，有的村干部甚至集党支书、村主任、村集体经济大权于一身，使他们以权谋私如鱼得水、有恃无恐。一些知情群众惧怕这些村干部的权势，敢怒不敢言；而一些地方来自上级的纵向监督几近虚无，即使像广东这样的经济发达地区，也存在着乡镇、村委会和村小组职责不清、村民（代表）会议制度（村民自治）流于形式、"村干部说了算"的现象，有的地方村务公开栏破旧，版面不规范，公开内容不全面，更新不及时，村务活动记录不齐全，档案管理不规范[①]，为村干部利用集体土地谋取私利创造了条件。

事实上，村干部违法乱纪的现象时有发生，且呈上升趋势，有的情节甚为恶劣，主要表现在以下几个方面：一是滥用职权，以权谋私。一些村干部在审批宅基地、处理纠纷、分配计划生育指标、工程承包等工作中吃拿卡要、优亲厚友，甚至贪污、受贿、侵占挪用公款，获取不正当利益。有的为村民出个证明盖个公章都要收钱收"礼"。二是独断专行，官僚主义。部分村干部作风不民主，办事不公开、不公正，"暗箱"操作，剥夺群众知情权、参与权和监督权，搞

---

① 《征地补偿成农村多地干群矛盾焦点》，http://news.ifeng.com/gundong/detail_2014_04/05/35504224_0.shtml。

"一言堂",甚至因失职渎职造成严重损失。三是铺张浪费,挥霍公款。一些集体经济比较宽裕的村干部,利用公款吃喝玩乐,奢侈浪费,个别干部甚至赌博嫖娼,腐化堕落。四是弄虚作假,欺上瞒下。报喜不报忧,张扬成绩,隐瞒问题,骗取指标,弄虚作假发展党员,培植自己的势力。五是恃强凌弱,作风粗暴。个别村干部依仗职权,拉帮结派,或借助宗族势力肆意侵犯群众利益,打击报复对他有意见的群众,名为村官,实为"村霸"。① 村干部的这些行为在农村土地流转和使用权分配中都有所体现,在很多情况下加剧甚至直接诱发了农村土地矛盾和冲突。河北省曲阳县——国家级贫困县诞生了一个公开资料可查的受贿数额最大的村支书刘某。刘某自 2001 年担任村主任至案发的 10 年间,通过黑社会性质组织非法敛财达 7100 余万元,并曾一次性收受 9999 成色黄金 10 公斤的贿赂,被保定市中级人民法院以受贿罪,涉嫌组织、领导、参加黑社会性质组织罪和妨害公务罪等 11 项罪名,数罪并罚,一审判处死刑。2013 年 8 月初,浙江省永嘉县某村委会主任余某涉嫌受贿 3399 万余元,职务侵占 199 万余元,被以非国家工作人员受贿罪、职务侵占罪提起公诉。② 中央第二巡视组 2014 年 3 月 31 日至 5 月 30 日对北京市进行巡视发现,乡村干部腐败问题凸显,"小官巨腐"问题严重,征地拆迁问题较多。

村干部的不规范乃至犯罪行为已引起高层高度重视,中央组织部于 2014 年 6 月做出了"重拳整治村社区干部涉黑涉恶"的部署。③ 中央组织部、中央党的群众路线教育实践活动领导小组印发了《关于在第二批党的群众路线教育实践活动中进一步加强基层党组织建设的通知》,要求各级党组织将加强基层党组织建设作为整改落实的重要任务,开展整治村、社区等基层干部违法违纪行为专项行动,特别要集中力量查处群众反映强烈的涉黑涉恶案件。因此,本书考察村干部对农村土地冲突的影响、探讨农村土地冲突的管理体制原因具有重要的现实意义。

---

① 《当前村干部违纪违法问题的思考》,http: //www. xykxfz. cn/dycg/display. asp? id = 7。

② 《村官贪腐:发达地区靠拆迁征地　贫困地区靠截留》,http: //gz. house. 163. com/ 13/0905/08/980BAKL700873C6D. html。

③ http: //news. sina. com. cn/c/2014 – 06 – 29/020930438306. shtml。

第三章　承包地冲突研究

第一节　引言

　　农村土地承包权包括使用权、处分权和受益权等，《土地法》对这些权利都进行了明确界定，但村干部仍然可以凭借集体经济组织代理人身份利用管理机会插手干预，侵占农民农村土地承包权益。第一，即使明确签订了承包合同，村干部也能够以不规范甚至非法的方式（如强行终止合同）剥夺农民的农村土地承包权。第二，农业生产的一些环节（如灌溉、防虫）具有显著的外部性，外部性的解决在很大程度上依赖村干部的干预，但村干部如果干预不当或以权谋私，会影响农民增收，诱发矛盾和冲突。第三，农村税费改革后政府增加了农业投入，给予了各种补贴。这些补贴的兑现大多和承包地挂钩，基本上都要通过村干部落实，但村干部在发放这些补贴时，也可以雁过拔毛，甚至霸占剥夺，直接侵占农民的各种补贴。村干部的不当行为引发了不少承包地冲突。

第二节　农村土地集中冲突

　　规模经营被认为是未来中国农业发展方向之一。农业经营只有达到一定规模，才能有效地应用现代农业技术，实现农业产业化、标准化、农村工业化、城镇化和农民组织化①，保证较高的农业生产率和农民收入，农业才有竞争力和吸引力。近年来，农业合作社经营和组织经营都呈增加趋势，而其基本特点之一就是农村土地规模经营的扩大。那么，这种农村土地经营规模的扩大是市场机制作用下农村土地的自然集中，还是人为干预的结果？

本节先探讨伴随着农村劳动力外出就业，市场机制是否有效地促进了农村土地集中。如果没有，则表明农村土地经营规模的扩大是人为干预的结果。本节随后将通过案例分析说明村干部在农村土地经营规模集中过程中扮演了重要角色，诱发的矛盾也不少。

一 农村劳动力外出就业与农村土地集中②

几乎自家庭联产承包责任制实行之日起，就有研究人员和政府官员主张通过农村劳动力的转移促进农村土地的集中，但农村劳动力的转移能否促进农村土地的集中几乎没有经过经验研究的直接检验，本节拟对此进行探讨。

（一）文献、变量与模型

1. 文献

农村土地的集中是通过农村土地的转出和转入实现的，但农村土地的转出和转入并不一定总能带来农村土地的集中，也可能是家庭人均耕地较多的农户向较少的农户转让，其结果是农村土地的分散，而不是集中。农村土地流转是否能带来农村土地的集中，在很大程度上取决于农村劳动力外出就业的情况。众所周知，中国农业由集体所有制向家庭联产承包责任制转型时，农村土地是按家庭人口和（或）劳动力平均分配的。随着非农产业的发展和城市化进程的推进，家庭劳动力外出就业的越来越多。一些农户可能会因家庭劳动力外出就业而感到农业劳动力不足，将部分或全部农村土地转包给其他农户，在这

---

① 参见《河南沁阳：政府推动农村土地集中》，《中国新闻周刊》2008 年 10 月 20 日。

② 原标题为 "Off – farm Employment of Agricultural Labor Forces and the Concentration of Agricultural Land"，2011 届管理科学与工程国际研讨会，ISTP 检索。本节使用的数据来自国家社会科学基金资助项目"中国综合社会调查（CGSS）"，该项目由中国人民大学社会学系与香港科技大学社会科学部执行，项目主持人为李路路教授和边燕杰教授。笔者感谢上述机构和人员，但对本书内容完全负责。

种情况下，农村劳动力外出就业就会促进农村土地的集中。但如果农户利用外出就业劳动力增加的收入购买农业机械，或者可以外包部分农作业，农业劳动力不足的问题就可能得到缓解甚至完全克服，这种情况下农村劳动力外出就业对农村土地集中的影响则有三种可能：

第一，农村土地正好够用，不必转出转入农村土地，对农村土地集中度没有影响。

第二，农村土地不够用，如果此前有转出农村土地，则可能部分或全部收回，从而降低农村土地集中度。

第三，农村土地不够用，如果此前没有转出农村土地，则可能转入农村土地，从而提高农村土地的集中度。因此，从理论上讲，农村劳动力外出就业既可能促进农村土地的集中，也可能没有影响，还可能导致农村土地经营的分散。

已有研究考察了农村劳动力外出就业对农村土地流转的影响，结果确实出现了分化。首先，有研究发现，农村劳动力外出就业促进了农村土地的租出，减少了农村土地的租入。例如，Tu 等（2006）利用 2005 年在贵州省 3 个村庄收集的农户数据分析发现，家庭劳动力外出就业显著促进了农村土地的租出，Deininger 等（2005）利用国家统计局 2001 年和 2002 年在 12 个省份以及他们自己收集的农户数据分析发现，在当地的非农就业促进了农村土地的租出，Yao（2000）利用 1988 年和 1993 年在浙江省 3 个县收集的农户调查数据，在考虑了移民决策的可能的内生性后实证研究发现，非农就业显著地促进了农村土地的租出；而 Kung（2002）利用农业部 1999 年在河北、山西、安徽、湖南、四川和浙江 6 个省份调查获得数据实证研究发现，当地和外地非农就业都减少了农户租入农村土地的数量，即使考虑了移民决策可能的内生性后，结论仍然成立，Feng 和 Heerink（2008）利用 2000 年在江西东北部 3 个村庄的农户调查数据，运用 Seemingly Unrelated Bivariate Probit Regression 方法对农村土地租借和移民方程进行估测后发现，农村土地租入和农村劳动力外出就业之间存在显著的负相关关系。其次，也有研究表明，农村劳动力外出就业减少了农村土地的租出，促进了农村土地的租入。例如，Deininger 等（2005）发现，异地非农就业显著妨碍了农村土地的租出，促进了农村土地的租入。最后，还有研究发现，农村劳动力外出就业对农村土地的租出和（或）租入没有显著影响。例如，Tu 等（2006）的研究表明，家庭劳动力外出就业对租入农村土地没有显著影响，Deininger 等（2005）也发现，在当地的非农就业对农村土地的租入没有显著影响。

综上所述，不论是从理论上讲，还是从实践来看，农村劳动力的外出就业既可能促进农村土地的集中，也可能没有影响，还可能促进农村土地的分散，对农村土地集中的影响是不确定的。

已有研究使用的大多是横截面的农户问卷数据，考察的是农村劳动力外出就业对作为微观个体的农户的农村土地租入和租出行为的影响，据此难以判断农村劳动力外出就业对农村土地集中的宏观影响。本节直接分析农村劳动力外出就业对农村土地集中度的影响，以充实现有研究。

2. 变量

（1）因变量。农村土地集中度用各省市区耕地面积的基尼系数（landgini）表示。耕地面积的基尼系数的计算方法是：

首先，计算各被调查农户人口占所在省份总调查人口百分比，并进行降序排列，将农户人口的累计百分比作为横坐标；

其次，计算相应农户耕地面积占所在省份总耕地面积的累计百分比，作为纵坐标，由此构建耕地面积分配的"洛伦兹曲线"，并计算耕地面积的基尼系数。

如果耕地在所有的被调查农户中是均匀分布的，那么耕地面积分配的"洛伦兹曲线"就是一条45°线，基尼系数为0；耕地在被调查农户的分配越不均匀，则耕地面积分配的"洛伦兹曲线"越弯曲，基尼系数越接近于1。因此，耕地面积的基尼系数越大，农村土地越集中。

（2）解释变量。具体包括：

农村劳动力非农就业率（nonagrr）。如果农村劳动力外出就业确实促进了农村土地的集中，则 nonagrr 应对 landgini 有显著的正的影响。

农业机械总动力（mach）。农业机械与农业劳动力具有高度替代性，可能对农村土地集中具有显著的影响，但这种影响方向难以预先确定，因为农业机械既有利于农户扩大耕地规模，也能弥补劳动力外出就业农户的人手不足，阻碍其转出农村土地。

人均耕地面积（pcul）。人均耕地面积越大，既可能感觉人手不够转出农村土地，降低农村土地的集中度；也可能因机械装备较多吸收农村土地，扩大规模，促进农村土地的集中。

3. 模型

由于耕地面积的基尼系数（landgini）取值在 0—1 之间，在进行回归分析之前，笔者先将其变换成了 $\ln\dfrac{landgini}{1-landgini}$。模型设定如下：

$$\ln\frac{landgini}{1-landgini}=\beta_0+\beta_1 nonagrr+\beta_2 mach+\beta_3 pcul+\beta_4 east+\beta_5 middle+\mu$$

$$(+)\qquad(\pm)\qquad(\pm)\qquad\qquad\qquad(3.1)$$

其中，east 代表东部地区虚拟变量，包括辽宁、河北、山东、江苏、浙江、福建、广东和海南 8 省；middle 代表中部地区虚拟变量，包括山西、河南、安徽、江西、湖南和湖北 6 省；β_0，…，β_5 是待推算的回归系数；μ 代表误差项，假定服从（0，δ^2）分布；回归参数下面的符号表示其理论预期符号。

（二）数据来源和变量特征

1. 数据来源

李路路教授和边燕杰教授主持的国家社会科学基金资助项目"中国综合社会调查（CGSS）"在网上公布了 2003 年、2005 年和 2006 年的问卷调查数据。由于 2003 年调查样本缺乏耕地面积数据，本节仅使用 2005 年和 2006 年的数据。"中国综合社会调查（CGSS）"采取了严格分层随机抽样的方法，2005 年和 2006 年分别调查了 10732 个和 10151 个样本，笔者选取的分析样本是户口为农业户口或非农业户口但家庭经营有耕地的被调查者，2005 年 23 个省（市、区）有 4211 个这样的被调查者，2006 年 24 个省份有 4053 个这样的被调查者。2005 年涉及的 23 个省（市、区）是河北、山西、内蒙古、辽宁、吉林、黑龙江、江苏、浙江、安徽、福建、江西、山东、河南、湖北、湖南、广东、广西、重庆、四川、贵州、云南、陕西和甘肃，2006 年还包括海南。

2005 年问卷表有一个直接关于家庭人口数的问题："请您告诉我

您家共有几口人？"本书使用的家庭人口数直接取自该数据。但2006年问卷表中没有类似问题，家庭人口数是笔者通过汇总家庭成员数得到的。

关于农户经营的耕地面积，两次问卷设计的问题略有不同。2005年问卷表设计的问题是："在最近一次打乱重分之后，你们家有多少亩地？有多少块地？"本书所使用的2005年的耕地面积来自这一数据；而2006年问卷表中的问题则是："最近一次确定农村土地承包面积后，您家承包的旱地、水田、山林各多少亩？目前您家实际耕种的旱地、水田、山林各有多少亩？"2006年耕地面积则是通过这一问题获得的实际耕种的旱地和水田面积之和。

学术界一般将劳动力年龄界定为16—65岁（如Tu et al.，2006），考虑农村劳动力退出农业劳动的年龄普遍较大，本节将农村劳动力年龄扩大到70岁，即农村劳动年龄为16—70岁。劳动年龄人口的就业状况是根据调查问卷中的"过去三个月的主要活动状况"问题确定的。对于这一问题，2005年问卷和2006年问卷给出的预选答案分别有8个和12个，笔者重新将其调整归类成了非农就业、务农、失业和非劳动力四大类（见表3-1）。在这一分类中，有几点值得说明：

第一，半职就业应看成是一半非农就业，一半失业；

第二，兼业务农应看成是一半非农就业，一半务农；

第三，操持家务者随时可以加入农业生产劳动，因此应看成是务农；

第四，2006年问卷中回答"其他"的很少，为简化数据处理，笔者将其看成失业；

第五，"从未工作过"、"离退休"、"上学且无工作"、"服兵役"、"丧失劳动能力"、"已故"和"其他"七类应从劳动力中剔除。

因此，非农就业率应为非农就业人数占非农就业人数、务农人数和失业人数的比重，2005年和2006年的计算公式分别为：

2005年非农就业率=（"全职就业"+0.5×"半职就业"+"临时性就业"+0.5×"兼业务农"）÷ ["全职就业"+"半职就业"+"临时性就业"+"兼业务农"+"全职务农"+"无业（失业/下岗）"]×100%

2006 年非农就业率 = ("全职就业" + 0.5 × "半职就业" + "临时性就业" + "休长假") ÷ ("全职就业" + "半职就业" + "临时性就业" + "休长假" + "务农" + "失业/下岗" + "操持家务") × 100%

表 3 - 1　过去三个月中被调查者及家庭劳动力主要就业状况分类

原始分类		调整后的分类	
2005 年	2006 年	2005 年	2006 年
1. 全职就业	1. 从未工作过	一、非农就业	一、非农就业
2. 半职就业	2. 全职就业	1. 全职就业	2. 全职就业
3. 临时性就业(无合同、非稳定的工作)	3. 半职就业	2. 半职就业	3. 半职就业
	4. 临时性就业	3. 临时性就业(无合同、非稳定的工作)	4. 临时性就业
4. 离退休(不在职)	5. 务农		7. 休长假
5. 无业(失业/下岗)	6. 上学且无工作	6. 兼业务农	二、务农
6. 兼业务农	7. 休长假	二、务农	5. 务农
7. 全职务农	8. 失业/下岗	6. 兼业务农	10. 操持家务
8. 从未工作过/在学且没有工作	9. 离退休	7. 全职务农	三、失业
	10. 操持家务	三、失业	3. 半职就业
	11. 服兵役	2. 半职就业	8. 失业/下岗
	12. 丧失劳动能力	5. 无业(失业/下岗)	四、非劳动力
	13. 其他(请注明)	四、非劳动力	1. 从未工作过
	14. 已故	4. 离退休(不在职)	6. 上学且无工作
		8. 从未工作过/在学且没有工作	9. 离退休
			11. 服兵役
			12. 丧失劳动能力
			13. 其他(请注明)
			14. 已故

问卷中没有设计农业机械的相关问题，数据来自有关年份《中国统计年鉴》，2005 年和 2006 年数据分别来自 2006 年版和 2007 年版。

2. 变量特征

表 3 - 2 给出变量的特征值。landgini 平均为 0.371，分布在 0.160—0.620 之间。nonagrr 平均为 24.095%，最高近一半，达 47.880%，但最低的不到一成，仅 7.140%。mach 平均为 2855.936

万千瓦，分布在 320.640 万千瓦和 9555.290 万千瓦之间。pcul 平均
为 1.619 亩/人，最高的达 12.450 亩/人，最低的仅 0.320 亩/人，相
差 37.9 倍。

表 3 - 2 变量特征值

变量名称	单位	均值	标准差	最小值	最大值
landgini		0.371	0.104	0.160	0.620
nonagrr	%	24.095	10.560	7.140	47.880
mach	万千瓦	2855.936	2400.531	320.640	9555.290
pcul	亩/人	1.619	2.182	0.320	12.450

表 3 - 3 是变量间相关系数，与因变量 landgini 的相关系数在通常
的统计水平显著的解释变量只有 pcul。这些解释变量在控制住其他变
量的影响后对 landgini 的影响则有待于下面的计量分析。

表 3 - 3 变量间相关系数

变量名称	landgini	nonagrr	mach	pcul
landgini	1.000			
nonagrr	0.010	1.000		
mach	-0.138	0.069	1.000	
pcul	0.200 *	-0.316 **	-0.039	1.000

注：* 和 * * 分别表示在 15% 和 10% 的统计水平显著。

（三）实证分析

1. 稳健性检验

由于样本横跨 2005 年和 2006 年两个年份，在推测模型（3.1）
之前有必要考察模型的稳健性。以下分两步进行：

第一，通过计算以下统计量检验模型在两个年份是否存在显著的
差异：

$$F = \frac{(RSS - RSS_1)/n_2}{RSS_1/(n_1 - k - 1)}$$

其中，RSS 和 RSS_1 分别为全部样本和 2005 年亚样本回归式的残差平方和，n_1 和 n_2 分别为 2005 年亚样本和 2006 年亚样本的样本数，k 为变量个数。F 服从自由度为 n_2 和 $n_1 - k - 1$ 的 F 发布。计算得到 F（24，17）值为 1.203，在 15% 统计水平不显著，因此不能拒绝回归模型在两个亚样本期间相同的假说。

第二，检验解释变量的回归系数在两个年份的稳健性。考虑了解释变量的回归系数在 2005 年和 2006 年可能存在差异的模型的回归结果见表 3-4。结果表明，所有的解释变量与 2006 年虚拟变量交叉项的回归系数在通常的统计水平均不显著。因此，不能拒绝解释变量的回归系数在两个亚样本期间相同的假说。

表 3-4 考虑解释变量的回归系数在两年间可能存在差异
模型的 OLS 回归结果（样本数 = 47）

解释变量	回归系数	T 值	显著水平
nonagrr	-0.016	-1.490	0.145
mach	0.000	-1.540	0.132
pcul	0.115	2.350	0.024
east	0.458	1.670	0.104
middle	0.430	1.790	0.083
D2006 × nonagrr	0.011	0.790	0.437
D2006 × mach	0.000	0.290	0.770
D2006 × pcul	-0.094	-1.480	0.147
D2006 × east	-0.025	-0.070	0.947
D2006 × middle	-0.150	-0.430	0.671
D2006	0.270	0.670	0.505
cons	-0.606	-2.150	0.038
调整的 R^2	0.180		

综上所述，应接受回归模型在两个亚样本期间相同的假说。

2. 计量结果

表 3-5 中回归式（1）是对模型（3.1）的回归结果。nonagrr 回

归系数的 T 值很小，在通常的统计水平不显著，表明 nonagrr 对耕地集中度没有显著影响。mach 的回归系数在 10% 统计水平显著为负，表明农业机械降低了耕地的集中度。pcul 的回归系数在 8% 统计水平显著为正，表明人均耕地面积促进耕地的集中，与 Deininger 等（2005）的研究结果相一致。east 和 middle 的回归系数均为正，前者在 6% 的统计水平显著为正，后者的显著水平较低，但也达到了12%，表明与西部地区相比，中、东部的耕地集中度较高。

表 3 - 5　对耕地集中度（logitlandgini）的回归结果（样本数 = 47）

解释变量	回归式（1）（OLS）（将 nonagrr 看成外生变量）			回归式（2）（2SLS）（将 nonagrr 看成内生变量）		
	回归系数	T 值	显著水平	回归系数	渐进 T 值	显著水平
nonagrr	- 0. 002	- 0. 310	0. 758	0. 011	0. 710	0. 479
mach	-0.544×10^{-4}	- 1. 710	0. 095	-0.475×10^{-4}	- 1. 460	0. 151
pcul	0. 061	1. 850	0. 072	0. 074	2. 080	0. 044
east	0. 381	1. 960	0. 057	0. 267	1. 180	0. 247
middle	0. 304	1. 630	0. 111	0. 206	0. 970	0. 337
cons	- 0. 626	- 3. 010	0. 004	- 0. 929	- 2. 470	0. 018
调整的 R^2	0. 157			0. 050		

注：（1）在回归式（2）中，第一阶段是对 nonagrr 进行的回归，解释变量除模型中的其他解释变量外，还有作为工具变量的第二、第三产业总产值。

（2）笔者按照 Maddala（1992）提出的方法对 nonagrr 内生性进行检验的结果表明，不能拒绝 nonagrr 是外生的假说。

　　农村土地集中和农村劳动力外出就业既可能互相强化（Deininger and Jin, 2005），也可能相互弱化（Feng and Heerink, 2008），农村土地租借市场的发展有利于非农就业（Kung and Lee, 2001; Shi et al., 2007），租入和租出农村土地分别会显著妨碍和促进劳动力外出就业（Deininger et al. , 2005）。因此，农村劳动力非农就业也可能受耕地集中度的影响，nonagrr 可能是内生的。回归式（2）是将 nonagrr 看成内生变量后的 2SLS 回归结果。在第一阶段对 nonagrr 的回归中，解释变量除模型中的其他解释变量外，还有作为工具变量的第二、第三产业总产值。

在回归式（2）中，nonagrr 的回归系数在通常的统计水平仍不显著，表明 nonagrr 对耕地集中度没有显著影响。mach 的回归系数仍然为负，但在通常的统计水平不显著。pcul 仍在 5% 的统计水平显著为正。

为确认 nonagrr 的内生性，笔者按照 Maddala（1992）提出的方法进行了检验，即将第一阶段回归得到的 nonagrr 预测值作为解释变量加入模型（3.1）中进行回归，得到的 nonagrr 预测值的回归系数的 t 仅为 0.960，在通常的统计水平不显著，因此应拒绝 nonagrr 是内生的假说，回归式（1）的结果更为可信，即劳动力的转移并不能促进农村土地的集中。

（四）结论

自家庭联产承包责任制实行起，几乎就有研究人员和政府官员主张通过农村劳动力的转移促进农村土地的集中，以克服农户分散经营的弊端，提高农村土地生产率，但本节利用 2005 年和 2006 年的农户调查数据进行的实证研究表明，农村劳动力非农就业对农村土地集中没有显著影响，原因可能在于一些有劳动力非农就业的农户通过外包部分农作业弥补了农业劳动力的不足。

30 年来，中国农村剩余劳动力的外出就业出现了加速趋势。但由于特殊的户口、就业和社保制度，进城务工农民不能享受市民同等待遇，为了减轻城市就业的生活压力和后顾之忧，不得不将老人、妇女和孩子留在农村生活，从事农业生产，形成了农村普遍的"386199"部队现象，这与日本战后高速经济增长过程中农村剩余劳动力外出就业后在宅通勤形成的现象非常相似。但在日本，政府通过高额补贴促进了农业机械化，几乎每个农户都拥有全套农业机械，弥补了农村劳动力外出就业带来的农业劳动力不足。那么中国是如何解决农村劳动力外出就业后农业劳动力不足问题的呢？

近年来，在中国农村，尤其是南方，普遍出现农作业机械代耕现象，即少数农户购买农业机械后，承担其他农户的部分农作业，获取服务费，既解决了外出就业农户劳动力不足的问题，也在一定程度满足了农业机械运营的规模要求，这与第二次世界大战后中国台湾地区的经验非常相似（Fujiki, 1999）。

由于城市生活成本高昂，社会保障难以覆盖进城农民工及其家属，而农村社会保障体系的建设已经开始启动，农户的兼业化在未来相当长时期内都将较为普遍，所以，只要通过农业机械的外包作业就能较好地弥补兼业农户农业劳动力的不足，就难以通过农村劳动力外出就业促进农村土地的集中。

二　农村土地集中中的村干部行为与冲突

随着农村劳动力向非农部门转移，农村土地会向专业农民集中，农业生产规模会逐渐扩大，这既是多年来学术界的主张，也是政策追求的目标。但是，上面的实证分析表明，农村劳动力向非农部门转移并没有带来农业生产规模的扩大，原因可能主要在于，随着农业机械化的发展，农民通过外包大部分农作业弥补了农村劳动力向非农部门转移后农业生产中劳动力的不足。

那么，我们从报刊、互联网等各种信息渠道看到的越来越多的农业经营大户是如何集中农村土地的呢？这与乡村的推动密不可分，而村干部在其中发挥了关键作用，有时不惜违背农民意愿，侵占农民利益，诱发了不少矛盾和冲突。

尽管《农村土地承包法》规定了农民对土地拥有50年的承包使用期，但事实上一些地方仍在频繁调整土地使用权，农民对土地使用权的争夺异常激烈。调整时往往缺乏一个为大多数村民所接受的合理依据，随意性大，村干部以地谋私的现象不乏其例。例如，广东惠来某地村干部以每亩70—80元的低价，承包村里近千亩的耕地15年，再以200—300元的价格转包给村民，导致了农民上访和农村土地冲突。[①]

为避免农村土地人为流转的恶劣后果进一步扩大，行政主管部门不得不进行干预。农业部2014年2月21日发出通知，要求"规范农村土地流转，禁止强迫命令"。通知指出，当前在农村土地承包经营

---

① 《广东惠来村干部要农民把田当宅基地购买》，http://news.163.com/07/1101/17/3S7TJSSQ00011SM9.html，2007年11月1日。

权流转中存在一些问题，如有的地方片面追求流转规模和流转比例，靠行政命令下指标、定任务、赶速度，违背农民意愿，损害农民利益；有的地方盲目引进工商资本长时间、大面积租赁和经营农户承包地，加剧了土地"非粮化"和"非农化"。通知要求始终坚持依法自愿有偿原则，不能搞大跃进、强迫命令和瞎指挥，强调土地流转的主体是农户，任何组织无权以任何方式决定流转农户的承包地，更不能以少数服从多数的名义将整村整组农户承包地集中对外招商经营，严禁以下指标、定任务、赶速度等行政方式推动土地流转，要防止脱离当地实际、违背农民意愿，片面追求超大规模经营的倾向，不得人为归大堆、垒大户，搞政绩工程。

第三节　农村土地承包冲突

农业税费改革后，种田收益明显增加，拥有土地越多，收入越高，农民对土地使用权的争夺变得异常激烈。首先，不仅在家种田的农民希望增加种植面积，争夺更多的土地，一部分已经进入城镇，但收入并不高、不稳、生活条件较差的农民，尤其是那些在农业税费繁重时被迫放弃了承包土地、外出打工经商的农民也会回乡参与土地使用权的争夺。其次，在农业税负体制下，农业税是按土地的常年产量核定的。尽管各地在实际核定土地的常年产量时存在一些偏差，往往不能准确反映土地的真实产量，但可以肯定的是，农业税的差别征收在一定程度上降低了因土地质量差异所引起的产量和收入差异。取消农业税之后，土地的级差收益将属于种田农民所有。为了获得土地的级差收益，对好地的争夺将更加激烈。

在农村税费改革后的农村土地承包经营权争夺中，村干部扮演重要角色。村民离开农村时，有的在村民之间进行了土地转包，但这种转包一般没有经过村干部，属于乡村熟人社会的经济行为，具有约定俗成的准法律效力。与此不同，两类农村土地承包经营权流转（即外村人承包和农业税费繁重时期的弃耕）与村干部密切相关。农村税费改革后，一些地方村干部在这两类农村土地流转中的不规范行为导致了尖锐的矛盾和冲突。

农业税费繁重时，一些农民放弃了承包地。农村税费改革后，农村土地税费负担大幅度减轻，他们回村想要回承包地，但遇到了阻力，由此导致了不少矛盾和冲突。

对外出打工经商农民回乡要地，不少农民表示理解和支持。湖北省仙桃市 C 镇 G 村村支书说，我村里土地有责任养活全村人口，那些在外务工经商的人如果回来要地，我们应该尽量满足。该村部分农民也认为，在农村土地二轮承包时，应考虑那些在外务工经商村民的分地要求，因为他们在外做事风险大、没保障，但不应分地给那些曾经抛荒土地的村民。另据汉川市 M 镇 M 村村主任介绍，该村在二轮承包时，对那些户口已迁出但要求分地的原村民，每人收取 100 元费用后也分配了土地（按家庭人口汇总后分给亲戚朋友代为耕种），并得到了那些耕种其他村民土地的农民的积极配合。公安县 J 镇 L 村村支书曾耕种抛荒地 100 多亩，近两年将其中的部分陆续退还给了原承包者，现仅剩 30 多亩。①

但是，也有许多现在耕种了抛荒地的农民认为，他们在农业税费繁重时交了税费，替他人承担了义务，因此不愿让出土地，由此引发大量冲突。汉川市 M 镇农民 A 2000 年将 5.5 亩责任田交给村民小组后外出打工。2002 年想收回责任田，但没能成功。2003 年找到镇长，仍未得到解决。公安县 J 镇村民 L 现年 60 岁，原承包 8 亩责任田，后外出做豆腐生意，返乡后仅收回 3.25 亩，其余被一位其兄为镇干部的村民占用。为了要回这些责任田，L 多次上访，先后找到镇和县政府有关负责人。镇有关负责人以田是国家的，谁都能种为由驳回了他的要求。L 后找到担任县人大主任的朋友，希望他能主持公道。但县人大主任劝他放弃申诉，并答应帮他找个工作作为补偿。L 至今郁闷不已，愤愤不平。

以下是一起被媒体公开报道过的典型的承包地弃耕合同纠纷案②：

---

① 也有村干部指出，给外出务工经商农民分地也有弊端，主要是在一些有防汛任务的地方，没法找到他们收取防汛费和以资代劳费用。

② http://yyy730410.blog.163.com/blog/static/1229745112012289485 8732/.

1999年，辽宁省鞍山市海城西柳某村村委会与全体村民签订了第二轮土地延包30年的合同，但由于当时各种税费重，一部分村民放弃了承包权，外出打工。为不使土地撂荒，原村委会决定村常住人口人均留一亩地，剩下的700亩土地由村里负责外包。

2001年3月，村委会与科技示范户赵某签订了土地承包合同，约定由赵某耕种这700亩土地，承包时间为2001年1月1日至2010年1月1日。合同签订后，赵某每年向村委会交纳当年承包费，先后投入30多万元购买农机、化肥等农用物资。

但是，合同尚未到期，2003年赵某就收到村委会发来的收回承包土地通知单，声称因为税费改革和地价下调，村民要求收回其承包的700亩土地。

赵某不能接受村委会私自终止土地承包合同的单方毁约行为，向海城法院提起诉讼，要求村委会继续履行合同。

法院组成合议庭，公开审理了此案。当事人双方争议的焦点在于村委会与赵某签订的合同是否有效。法院审理后认为，原告赵某与被告村民委员会经协商签订的土地承包合同书，是双方当事人真实意志表达，土地承包合同书中已明确载明被告是经过村民代表大会讨论，同意将村集体剩余的土地对外进行发包的，因此承包合同合法有效，据此判决原土地承包合同继续履行，要求村委会立即将发包的土地交赵某耕种，赵某同时向村委会交纳2004年度土地承包费。面对海城法院的一审判决，村委会表示不服，于2004年4月10日向市中级人民法院提起上诉。

4月20日，谷雨，正是农民播种的最佳时节，千余名农民在二审法院还没开庭的情况下，按照1999年划分的土地分别开始耕种，而一审胜诉的赵某也不相让，为此，双方发生激烈冲突。为了防止矛盾进一步激化，市中院立刻派人前往事发现场进行调解，并与双方商定，二审开庭前均不得耕作。

后经调解，双方接受了镇政府对土地重新安排的方案，5月8日，市中级人民法院下达了民事调解书，纠纷得以解决。

第四节　农田排灌冲突

一　前言

及时满足农作物生长对水分的需求是保证农业丰收的基本前提之一。为此，必须进行有效的农田灌溉和排渍，即根据农作物的生长特性，及时将必需的水输入农田，将不需要的水从农田中排出去。

人民公社时期，通过持续进行大规模的农田水利基本建设，建成了四通八达的农田排灌体系，确保了农田的有效排灌和农业生产的丰收。但随着人民公社的解体和农业家庭联产承包责任制的推行，曾经成片耕种的农田被分割为众多的小块，分配给众多的农户经营，较为完善的排灌设施也逐渐损坏，农田排灌日趋困难。

第一，对已有农田水利设施缺乏必要维护和有效管理，致使其严重老化，几乎丧失功能。中国现有的农田水利设施大多修建于20世纪六七十年代，主要依靠的是劳动积累，物质装备差，建设标准低，在30年以上的长期运行过程中，又没能及时得到必要的维修和养护，导致大量提灌设备丧失功能，如有些提灌水泵连续30多年没有更换过一个螺丝钉，基本处于报废状态，水源工程蓄水能力大幅度下降，骨干渠系严重老化，末级渠系几乎瘫痪。湖北省大中型泵站主电机和水泵老化率达60%以上，渠道建筑物老化率在40%以上。因农田水利设施老化和性能下降，农民很难开动抽水机械灌溉排积，即使可以开动抽水机械，大量灌溉用水也会在传送途中渗漏掉，浪费严重。因为灌溉过程中水渗漏严重，抽足够时间的水也不能满足用水需要，农民会对抽水员进而村干部不满，并引发冲突；因为渗漏严重，只有乡镇出面协调才能解决灌溉问题，但乡镇干部不作为，村民与乡镇干部之间矛盾在所难免；因为渗漏严重，有的村可以"搭便车"利用渗漏的水满足灌溉需要，因此不愿意交费，村干部与乡镇干部之间的矛盾也不可避免。

第二，一些农民为了扩大耕地面积，私自填埋了部分田渠，致使田渠变窄变浅或消失，河里的水不能引到田渠里，引到田渠里的水也难以灌溉到田里，有的甚至不得不进行田灌。

第三，排水道被占用。公安县 J 镇 L 村的排水困难是因为派出所和财政所职工在排水沟上建房堵塞了排水道引起的。镇政府迟迟不予解决，主要是因为疏通排水道时必须拆除派出所和财政所职工建在其上的房屋，损害乡镇干部自身的利益。

其结果是，农田排灌不能再像集体农业时期那样统一调配，许多地方都是由分散经营的农户独自完成的。

二 农田分散经营下排灌的外部性

分散经营的农户独自进行农田排灌时存在着显著的外部性。

（一）农田灌溉具有外部性

据笔者调查，供农田灌溉的水源有水库、水塘和沟河三种；从水源到农田的送水方式则有渠灌和田灌两种，前者指通过水渠将水送到农田，后者则指将水通过地势较高的田块逐渐输送到位置较低的农田，即经由田间送水。渠灌和田灌的共同点是耕种地势较低的农田的农户进行灌溉时，灌溉用水必须通过地势较高的农田。两者也存在显著的不同：渠灌时水是从农田旁边的水渠通过的，而田灌时则是直接从田间通过的。

但不论渠灌，还是田灌，都具有显著外部影响，这两种送水方式分别导致正的和负的外部影响。

首先，农田灌溉的正的外部影响。当种植地势较低的农田的农户通过水渠进行灌溉时，水一般会渗过渠坝，流入地势较高的田块，使其自然得水受益，但不必为其支付费用。在这种情况下，全部灌溉费用都是由种植地势较低的田块的农民支付的，其个人收益低于社会收益。咸宁市 H 镇直到去年为止一直是从数十公里外的水库引水的，每次引水都有一半到 2/3 的水在途中被漏掉，而种植地势较高的农田的农民不交引水费也能大量引水，基本满足农作物生长对水分的需要。据该镇地势较高的某村干部说，他们村大部分农田都是自然进水，只有少部分须提水灌溉。在这种情况下，主动交费灌溉的农民支付了全部费用，但却只能享受部分收益。

其次，农田灌溉负的外部影响。进行田灌时，地势较高的农田的养分会随水被带到地势较低的农田，喷洒肥料不久后尤其如此。在这种情况下，进行灌溉的农户的个人成本低于社会成本。如果得不到合理的补救，种植地势较高的农田的农户会极力阻止水从自己的农田流过。

笔者 2003 年 8 月在咸宁市 H 镇调查时发现，这一地区的很多稻田是田灌，诱发了村民之间的大量矛盾和冲突，有的甚至打架斗殴。

（二）农田排渍具有外部性

种植地势较低的田块的农户在排渍时，会将地势较高的田块的积水一同排出，后者因此受到正的外部影响。因此，在一些地方出现了种植地势较高的农田的农户不配合排渍的现象。阳新县某村二组前有一片锅形地，每逢下雨，底部田块必然受灾，而地势越高，受灾程度越轻，因此排渍的要求越淡，该组农民因排渍而产生的矛盾不断。

三 农田排灌的分散性、外部性与农田排灌冲突

家庭承包制下农田的分散排灌及其外部性导致排灌困难，进而降低了农田排灌效率，影响了农业生产。笔者 2006 年 6 月在公安县和汉川市调查时都遇到过等水插秧的农民。因缺水灌溉，一些农民不得不放弃双季稻种植，改种一季稻，有的甚至干脆改种经济作物或抛荒，如仙桃市 G 村就有近 100 亩粮田因灌溉困难而荒芜，粮食产量和农民收入都因此大幅度下降，而且加剧了农民之间、农民和村干部之间的矛盾，成为影响农村社会稳定的一大隐患，这一点在丘陵地区尤为突出。

不仅如此，农田排灌困难还成为税费改革后农村矛盾和冲突的重要原因之一。在一些地方，农民为争夺有限的灌溉用水，时常打架斗殴，有的还将矛头指向了乡镇政府，认为乡镇政府不作为，没能及时出面协调解决排灌困难，由此导致的群体性事件也不乏其例。某村干部对笔者说，因灌溉引起的纠纷几乎是群众之间矛盾和冲突的主要原因。土地使用权事实上的频繁调整更加剧了灌溉矛盾。

除农民之间为争夺灌溉用水外，排灌矛盾和冲突还发生在农民和有关管理者之间：

（一）农民与抽水员之间的冲突

笔者调查的这些地区，水田灌溉大都是以村民小组为单位，按面积收取一定费用后由 1 名抽水员负责全小组的抽水工作，但抽水员往

往难以满足村民的全部用水需要。仙桃市 G 村某组组长兼抽水员连续抽水两天一夜，但仍没能满足农民的所有灌溉用水需求，缺水的农民非常生气，要打该抽水员，并向其种植的 1 亩棉苗喷洒了除草剂，使其绝收，还扬言要让儿子带人来打人，导致抽水员最终辞职。

（二）农民与村干部之间的冲突

农民因不能及时得到排灌而对村干部心生不满，进行公开和非公开的对抗，如拒绝缴纳该交的水费，背后发泄牢骚等。农村税费改革后，水费是农民负担的一个重要费用项目，被调查地区从 12—50 元不等，能否及时足额完成水费收缴任务也成为考核村干部的主要指标之一。但一些农民因没有及时得到排灌服务而拒绝缴纳水费，由此导致的农民和村干部之间的冲突不乏其例。

（三）农民与乡镇干部之间的冲突

（1）由灌溉引起的冲突。2006 年 6 月，正值插秧，湖北省汉川市脉望镇部分村组严重缺水，仅 T 村 1 组就有 300 多亩田待水插秧。但这一地区就在汉江边，水源并不缺乏。但要提水灌溉，必须由乡镇政府出面协调。T 村若从汉江提水灌溉，需经过 A、B 两村。T 村很希望 A、B 两村能共同承担水费，但 A 村以紧邻汉江、缺水程度低，而 B 村则以种植了棉花、水田较少为由，拒绝配合。T 村如果单独抽水灌溉，因部分水会渗漏掉，水费会很贵，最后不得不放弃，只好等天降雨。农民很希望镇政府能出面协调，使 A、B 两村承担合理的费用，但乡镇干部对农民面临的灌溉困难十分冷漠，根本不出面协调，甚至不到村里露面。有农民抱怨说："驻村干部该来的时候不来，只知道要钱。"在与笔者的交谈中，一些农民情绪十分激动，大有一触即发之势。村民认为，镇干部之所以漠视农民的灌溉困难，主要是因为出面协调没甜头，大热天里还会付出很多辛苦，伤害身体。

（2）由排积引起的冲突。公安县 J 镇 L 村为镇边村，位于地势较高的荆江分洪安全区，但近年来经常遭受水淹之困，只要雨稍微大一些，积水就会淹没大部分农田，200 多亩菜地被迫抛荒，雨大时积水达 2 尺多深，会渗入农家。笔者在调查时亲眼看到了地里因水淹而枯萎的庄稼、到处堆积着的被雨水带来的居民生活垃圾和一些民房墙壁上留下的清晰可见的被积水浸泡过的斑斑痕迹。尽管许多村民曾多次向镇政府反映，但始终未得到解决。2006 年 5 月的一场大雨终于使村民的忍耐超过了极限，30 多名村民自发拿着农具冲向镇政府，包围了镇长办公室，要求镇长查看灾情，限期解决。事后镇政府虽然向县里打了报告，但并未解决。

（四）村干部与乡镇干部之间的冲突

中国目前许多地方的排灌费用是按照种植面积平均分摊的，但有的村干部因为能"搭便车"，灌溉用水可以在很大程度上通过利用其他村子排灌时水渠渗漏的水得到满足，所以不愿意交纳水费，由此引发和乡镇干部之间的冲突。湖北省咸宁市 H 镇的灌溉用水来自数十公里外的水库，但每次引水灌溉时都有一半至 2/3 的水在途中漏掉。当种植地势较低的村子通过水渠引水灌溉时，地势较高的村子会自然得水受益，据 H 镇地势较高的某村干部介绍，他们村除少量稻田靠提水灌溉外，其他村灌溉时自然渗水满足了大部分稻田的灌溉用水需要，所以不愿支付灌溉费用，村干部因此和镇里关系紧张（彭代彦，2004a）。

四　克服农田排灌外部性的理论思考

对于如何消解外部经济影响，新古典经济学进行了大量探讨，形成了成熟理论。以下结合新古典经济学有关理论，对农业家庭联产承包责任制下农田排灌外部影响的解征途径进行探讨。

（一）合并

将造成和受到外部影响的企业进行合并被新古典经济学认为是消解外部影响的一种有效途径。由于对其他农户产生正（负）的外部影响的农户的生产水平低于（高于）社会最优水平，而受到正（负）的外部影响的农户的生产水平高于（低于）社会最优水平，如果将两个农户的生产合并，则外部影响会通过内部化而消失，合并后的新的农户的成本与收益分别与社会成本与收益相等，资源的配置可达到有效状态。但通过合并农户的生产活动的方式消解农田排灌中的外部影响的办法在中国不具有可行性。家庭联产承包责任制之所以被农民接受替代集体经营，就是因为分散经营克服了统一经营中劳动监督困难的难题，具备集体经营所不具有的激励机制（Lin，1988），因此，走回头路是行不通的。此外，在目前农业劳动力普遍过剩的情况下，通过剥夺一部分农户的经营权的办法扩大经营规模也是难以被接受的。

（二）明晰产权

按照科斯定理，有些外部影响可通过明晰产权得到消除（高鸿业，2000）。但通过明晰产权不能消解农田排灌中的外部影响。从理论上讲，灌溉用水的水权在水库所有者，如果输送到田边售卖，为避免输送过程中的漏水损失，水库所有者会加固水渠。但目前水库所有者处于垄断地位，不必将水输送到田边售卖，而是在水库计量售卖，因此也就不必加固水渠。从笔者在湖北的调查来看，农民都是在水库即源头购买的。从理论上讲，在支付费用后，水的所有权就归农民所有，为避免输送过程中的漏水损失，农民也会加固水渠。但要修建长达数十公里的水渠，实非一村、一乡乃至数村、数乡所能。此外，地势较高的村、乡作为外部影响的受益方，对修固水渠态度消极。因此，难以达成一致意见。笔者在调查中，没有发现农民对这种解决方式感兴趣。

从理论上讲，对于田灌引起的外部影响可以通过开挖水渠解消。在这种情况下，种植地势较高的农田的农户可通过放弃一部分责任田的使用权换取对其余部分责任田的完整的使用权。但由于纳税面积是按家庭联产承包责任制实行初期划定的，开挖水渠后也不能随之减少，因此，农民一般不愿意采纳这种方式。而且，开挖水渠解决田灌中的外部影响需要众多农户达成一致意见才能实施，这显然是很困难的。

（三）补贴或征税

按照新古典经济学理论，对导致了正的外部影响的农户，可通过补贴的办法使其个人收益与社会利益相等，对导致了负的外部影响的农户，则可通过征税的办法使其个人成本与社会成本相等，从而使资源配置达到有效状态。

这是一种具有重要参考价值的解决方式，问题是由谁来进行补贴。按照目前的体制，对造成了正的外部影响的农户进行补贴的主体应是农村集体，但众所周知，目前的大多数村集体都负有债务，不可能进行这样的补贴。因此，补贴的主体只能是国家。

另有两个理由使笔者认为国家应通过补贴消除农田排灌中的外部

影响。

第一，农业家庭联产承包责任制被认为因克服了人民公社时期集体劳动中的监督困难问题而大大提高了农民的劳动积极性，从而提高了劳动生产率，促进了农业增长（Lin，1998），国家从中获得了农产品的安全供给等多方面的巨大收益。而农业家庭联产承包责任制下农田灌溉的外部影响则是这一制度变革的成本之一。因此，应由制度变革的收益对成本进行补偿。

第二，随着《农村土地承包法》将分散的农户经营长期固定下来，农田灌溉的外部影响将长期存在。农田排灌的外部影响所导致的农民间矛盾和纠纷目前虽然仅局限在村组局部范围内，但当这种不满和矛盾成为一种相当普遍的现象时，不能排除其导致局部地区社会动荡的可能性。也就是说，这种区域性外部影响有可能导致社会性的外部影响。因此，国家对农田灌溉进行补贴有利于社会的稳定，可以认为是对社会稳定这一公共物品支付的成本。

五　中国农民解决农田排灌困难的实践

截至 2002 年，在咸宁市 H 镇，引水灌溉是以村为单位统一办理的，而灌溉费用则按承包面积由农户平均分摊。由于外部影响导致成本与收益不对称，一部分群众意见很大，故自 2003 年起改由各村自主决定是否利用水库进行灌溉。2003 年有相当多的村没有向水库申请引水灌溉，而是采取了一些替代措施，其中之一是开挖水塘，以规避农田排灌中的外部影响。

为避免漏水，许多农民个人或联户开挖水塘蓄水灌溉。咸宁市 XL 村 7 组现有农户 17 户，人口约 100 人，劳动力 50 人，耕地 110 亩。为解决灌溉问题，该组除将已有的一口旧塘清淤加深外，还计划开挖 2 口面积共约 10 亩的水塘，当地镇政府对农民个人和集体开挖水塘蓄水灌溉给予了大力扶持，除向所有水塘开挖者免费提供价值 300—400 元的水管一根外，还向开挖面积为 4—5 亩水塘者补助现金 500 元，向开挖面积 5 亩以上水塘者补助现金 1000 元。

但开挖水塘蓄水灌溉会导致资源的严重浪费：

第一，会使已有水库的蓄水得不到有效利用。

第二，会导致大量耕地因开挖水塘而被占用和浪费。按照上述

XL 村 7 组的挖塘计划,水塘与耕地的面积之比约为 1∶10。如果全国的水库灌溉地区都依法效仿,那么,因开挖水塘而被占用的耕地将是惊人的。

第三,开挖水塘本身需要大量的资金。尽管镇政府给予了补贴,农民依然要负担其中的大部分资金。XL 村 7 组为筹措开挖水塘的资金,已变卖了组集体的林木,并向在外打工赚了钱的农民募捐了一部分钱,但还缺一部分资金,农民再也无力筹措。此外,即使能够顺利筹措足够的资金,水塘修好后能否得到合理有效的利用仍值得怀疑。笔者在调查时当场提出了如何完善水塘利用制度的问题,但农民普遍显得很茫然。

六 小结

实行农业家庭联产承包责任制后,农田排灌中的外部影响已导致严重的资源配置失效和社会不公,有些地方甚至成为威胁农村社会稳定的一大隐患,而村干部的不作为和乱作为加剧,甚至直接诱发了农田排灌矛盾和冲突。在上述咸宁市 H 镇田灌冲突的案例中,村干部在调解时,很难做到不偏不倚和公正对待,往往根据当事村民与自己关系的亲疏远近,采取不同的调解方式。如果种植地势较高农田的农民与他的关系更亲近,他就以种植地势较高的农田的农民刚施过肥为由,说服种植地势较低农田的农民三天后再灌溉。但如果种植地势较高的农田的户数较多,而施肥时间又前后不一,那么按此办法,地势较低农田就难以保证在有效的灌溉时间内得到灌溉。相反,如果种植地势较低农田的农民与他的关系更亲近,他就以多少年来都是采取的这种灌溉方式、已成为惯例为由,要求种植地势较高的农田的农户予以无条件配合,允许水流经自己的稻田。同一矛盾,仅仅因为当事人与自己的亲疏远近关系不同,却采取完全不同的调解方式,当然容易导致农民对村干部的不满,进而引发二者之间的冲突。

本节分析表明,政府在解决农田排灌的外部性方面应发挥重要的,甚至是不可替代的作用。

首先,政府补贴是解决农田排灌中外部影响的有效途径。从笔者调查的湖北地区来看,在正常年景,农田排灌费用为 8 元/亩。因此,即使国家全部负担农田排灌费用,这笔开支也不到农业税的 10%,国家完全有能力负担，而从其带来的巨大社会效益来看，也是十分值得的。

其次，增加投入，将新农村建设重点转向农村水利设施建设，明确各级政府责任，选好资金使用重点和投资顺序。

第一，要加大排灌设施维修改造力度。据估算，维持中国现有的农田水利设施正常运转每年约需2400亿元，但国家目前的投资很少，中央每年用于大型灌区节水改造的资金和重点中型灌区农业综合开发的资金分别只有15亿元和1.5亿元，仅能解决部分灌区的少量关键工程的"卡脖子"和除险加固问题。此外，全国每年约需小型水利设施建设费用400亿—500亿元，但各级财政用于农村小型水利建设的资金仅120亿元，可谓杯水车薪，必须加大投入力度。

第二，要明确各级政府责任。鉴于县乡政府财政大多较为困难，市级以上政府，尤其是中央和省级政府应承担农田水利设施的主要责任。例如，现有的"分级负责、分级管理"的水利投资政策规定，1000万立方米以上的中型水库、100万—1000万立方米的小Ⅰ型水库和10万—100万立方米的小Ⅱ型水库分别由市、县和乡镇负责投资及管护。而兴建一个小Ⅱ型水库动辄耗资几百万元，对全国绝大多数乡镇来说都是天文数字，难以筹措到这么多钱。由于农民收入普遍较低，也不能依靠农民集资兴修农田水利设施。例如，修一座泵站往往需要投资十几万元、几十万元，对收入普遍不高的农民来说，是可望而不可即的。因此，农田水利设施的维修改造资金主要应由各级政府、主要是中央和省级政府负责。

第三，在资金有限的情况下，应根据农民需求的迫切程度，确定投资重点和优先顺序，提高资金使用效率。目前应将资金重点使用到抽水设备的维修、关键水渠的加固和疏通等方面。各级政府应认真贯彻工业反哺农业、城市支持农村和"多予少取放活"的政策，逐步加大农田水利设施建设资金的投入力度，并形成长效机制。

第四，要明确县乡政府在协调农田排灌中的责任。凡是跨村排灌的，由乡镇政府负责协调；凡是跨乡排灌的，由县政府负责协调。责任要落实到政府主要领导人。

第五节　农业补贴冲突

一些地方，尤其是偏远和经济欠发达地区，村干部的主要生财之道是利用职务便利，截留、套取、侵吞和挪用涉农惠农补贴。

湖北省自 2004 年起开始在全省范围内对农民直接发放种粮补贴，并规定，从 2006 年开始，粮食直补资金必须通过"财政涉农补助资金活期储蓄存折"（即"一折通"）发放给农民。该省监利县是全国首批五十大商品粮基地县之一，但在该县许多农村地区，2008 年以前的粮食补贴并未发到农民手上，而是被乡村基层干部直接取走，用于抵扣村民欠下的各项农业税费，2006—2008 年，"一折通"一直都被村干部掌控和支配。该县三洲镇王塘村、东北村和后洲村 2004—2008 年间的农补资金共计 300 多万元，但绝大部分都被截留和克扣。2008 年 8 月，湖北省财政厅、农业厅和综改办联合下发了完善粮补工作的实施意见，要求将粮食直补资金及时全额落实到种粮农民手中，规定委托代发金融机构凭农民本人身份证（或户口本）和存折方可向农民兑付补贴款，不得用于抵扣任何款项，不得以任何理由推迟兑付，此后农民领不到种粮补贴的状况才有所好转①，但还是不能根本杜绝村干部以补贴谋私。

按照政策规定，每个农户的种粮补贴面积、补贴标准和补贴金额都要以村组为单位张榜公示，但村干部仍可大显神通，找到不少变通办法。例如，他们将村民的土地少报甚至不报，将这些种植面积挪到自己妻子、弟弟、父母、兄嫂等亲属或被其拉拢收买的村民头上。如监利县某村村支书 G，其妻子名下享有补贴土地面积 47 亩，两个儿子名下各拥有 45 亩和 43.2 亩土地，三人共 135.2 亩，仅 2009 年领取的国家补贴资金就超过了一万元。又如，监利县某村村支书 P，其妻子名下享有补贴土地 12.6 亩，儿子名下 35 亩，本人名下 59.8 亩，

---

① 《湖北监利：村干部大肆贪污惠农资金》，http://bbs.tianya.cn/post - no110 - 59013 - 1.shtml，2010 年 5 月 5 日。

2009 年共领取种粮补贴资金 9770 元。再如，监利县三洲镇王塘村实际只有 15 个村民小组，却多报了一个"16 组"，虚报户主，套取补贴，如在校大学生即村支书之子名下享有补贴土地面积 57 亩，2009 年仅柴油化肥综合补贴这一项就领取了 2593.5 元。在 2009 年粮食直补和柴油化肥综合补贴两项中虚报面积 1600 多亩，冒领补贴 9.4 万元，其中大部分都进入了村干部的个人腰包，国家的惠农政策成了村干部"发家致富"的捷径。

近年来，随着各级财政支农惠农力度不断增大，单项补贴金额逐年增多。例如，湖北省每亩柴油化肥补贴由 2007 年的 20 元增加到了 2009 年的 45.5 元，生猪补贴由每头 50 元增加到了 100 元，为村干部以补贴谋私创造了越来越大的空间。[①]

此外，一些村干部对退耕还林、整村推进、修建学校、整修公路等国家为扶持贫困地区农村发展而实施的"惠农富农"政策项目也不放过，雁过拔毛。2013 年 6 月 19 日，甘肃省陇南市武都区人民检察院以贪污罪对三名村干部提起了公诉。杜某和李某分别是武都区马街镇某村的原主任和支书。2003 年该村实施退耕还林，两人利用协助落实政策项目的便利，以虚报退耕还林面积方式套取补助款，其中杜某以自己和儿子的名义虚报 19 亩，李某以其儿子的名义虚报 13 亩，2004—2012 年间，分别冒领退耕还林补助款 37335 元和 25545 元。2009 年该村实施整村推进项目，在修建学校的项目完成后，由村支书李某提议，杜某、李某等三人将修建学校的结余款 10000 元私分。2011 年在该村"一事一议"项目中，杜某在其经手开支的 46000 元中，利用加大开支项目少支出的手段套取项目款 3288 元，除 1500 元用于公务开支外，其余部分被其个人侵吞。杜某某原是武都区玉皇乡某村村支书，2007 年在负责该村公路修建时，虚列土地赔偿款 8000 元；2007—2011 年间，在负责本村低保款发放过程中，共截留低保款 16367 元；2008 年在发放全村地震灾后"三无"生活补助款时，截留 1859 元，三项共计 26226 元，除 8126 元用于村务开支外，其余均被

① 《湖北监利：村干部大肆贪污惠农资金》，http：//bbs. tianya. cn/post - no110 - 59013 - 1. shtml，2010 年 5 月 5 日。

其侵吞，案发后全部赃款被追回。① 南方某地 5 名村干部利用工作便利，经由村委会主任李某决定、其他村干部同意方式，截留公益生态林补偿款、扶贫专项资金 30 多万元以奖金和补贴的名义私分，5 人各分得 5 万—8 万元不等，李某被以贪污罪和挪用公款罪数罪并罚判处有期徒刑 11 年，其余 4 人获有期徒刑 5 年。②

有的村干部还截留五保金和低保金等。农村低保中的死人保、富人保、关系保、福利保现象相当普遍。据新华社报道，2013 年国家审计署公布的全国社会保障资金审计结果表明，错报、漏保、骗保等约占 4%。2014 年 6 月中纪委网站的通报中就有贵州省黔南州翁保村原村支书王仕才等贪污低保案、贵州黔东南州槐寨村原村支书吴述海等3 人贪污低保案和重庆市南川区半河社区原党委书记李世伦骗取低保案等，穷人的救命钱肥了村干部的腰包。③ 广西壮族自治区灌阳县黄关镇某村远离城市，相对封闭。该村 2010 年共有五保户 33 户，每户可得到五保供养金 1870 元，但 2011 年 1 月，赵某等三名村干部商量决定仅给每户发放 660 元，对每户截留克扣 1210 元，共 39930 元，将其私分。2009—2011 年，赵某等人帮村里的 104 名低保户办好低保银行卡后，不将卡发放到各低保户手中，而是交由原村委副主任赵某统一保管，但赵某等人不按规定如实发放低保金，而是通过降低人均低保金标准的方式将其中的部分进行了私分。④ 湖南武冈最近发生的、农民因对低保评选不满而将瘫痪妻子送到乡政府致其死亡的事件震惊了世界。据央视"新闻 1 + 1"2014 年 6 月 10 日的后续报道，该村在发放低保过程中，存在着低保与超生乱挂钩、人情保、关系保、一户多报、民主评议失效等种种违规乱象，村支书竟然为本村的 12 人违规办理了低保，而其中有 8 个是村支书的亲属，包括自己已经去世的

① 《两案三名村干部蚕食国家"惠农富农"项目款被公诉》，http：//news. jcrb. com/Biglaw/CaseFile/Criminal/201306/t20130620_ 1139230. html，2013 年 6 月 20 日。

② 《5 名村干部集体私分惠农资金 30 余万 均获有期徒刑》，http：//www. chinanews. com/fz/2014/04 - 10/6049366. shtml，《南方日报》2014 年 4 月 10 日。

③ 《湖南农村低保乱象：村官亡父有钱领 贫困老人无救助》，http：//news. ifeng. com/a/20140611/40676961_ 0. shtml，2014 年 6 月 11 日。

④ 《村官贪腐：发达地区靠拆迁征地 贫困地区靠截留》，http：//gz. house. 163. com/13/0905/08/980BAKL700873C6D. html。

父亲，但与此同时，要养活智障儿子的贫困老人王凤娥却与低保无缘。经核查，该市全市不符合（低保）条件的达402个，该取消的低保没取消，该享受的没评上。①

为了解决农村困难户居住安全隐患问题，国家设置了危房改造补助资金，用于困难户翻建、新建和修缮加固农房。农户要获得该项补助，须自愿申请，村民会议或村民代表会议民主评议，乡（镇）审核，县级审批。补助对象的基本信息和各审查环节的结果均须在村务公开栏公示。但是，灵璧县朱集乡某村村干部却违反政策规定，申报时，不召开村民或村民代表会议推荐评议，而是擅作主张上报100户，每个农户最高补贴2万元，最低4000元，也不公示申报名单，截留、违规发放80万元危房改造资金，受益者中不乏村干部本人、亲属和亲戚，甚至有已经去世的村民。②

第六节　结语

尽管农民对农村集体土地承包经营权受法律保护，农民享有使用、经营和收益权，但在现实中，村干部可以利用其农村集体土地管理者和国家政策实施代理人双重身份进行干预，在农村土地使用权流转、农田灌溉和农业补贴等环节以地谋私，激化甚至诱发不少矛盾和冲突，成为农村社会的一个不稳定因素，因村干部的不当行为引起承包地冲突的案例在现实中屡见不鲜。

---

① 《湖南农村低保乱象：村官亡父有钱领　贫困老人无救助》，http：//news. ifeng. com/a/20140611/40676961_ 0. shtml，2014年6月11日。

② 《百万惠农补贴村干部截留支配》，http：//roll. sohu. com/20130312/n368527731. shtml，2013年3月12日。

第四章　机动田冲突研究

第一节　引言

机动田是指在农村土地实施承包经营时，农村集体经济组织为了满足将来可能的调整需要（如国家建设、兴办乡镇企业、开渠修路、村镇建设、满足新出生和新落户人口等）而预留出的土地。例如，农户承包地因国家、集体和村镇建设被占用后，如需补偿，主要是动用机动田。

机动田被规定不得超过村集体耕地总面积的5%，其来源主要有三个：

一是集体农业时期的村集体用地，一般在村小学附近，当时的收益主要用于村干部工资补贴、小学教师津贴、招兵和计划生育等方面的开支。

二是新开垦的荒地。一些地方有未耕种的荒坡、丘陵和湖田，后来进行开垦后归类为了机动田。

三是村民过去的承包地。

《大连开发区农村第二轮土地承包工作意见》规定，农民全家离开户口所在地一年以上（含　年），不交农业税、村提留、乡统筹费，不出义务工、劳动积累工的，在外期间，可将其承包田转为机动田；对被判处有期徒刑20年以内的犯人，服刑期间其承包田可暂定为机动田，待其刑满释放回原地后再由本人承包。① 湖北省监利县在2000

---

① http://china.findlaw.cn/fangdichan/tudichengbao/tdcbq/cbzc/24884.html.

年前后进行了大范围的土地调整，实行了"两田制"，即将留村农民的责任田继续作为责任田，而将离村村民放弃耕种的责任田转为机动田。[①] 湖北省钟祥市洋梓镇迎河村 1989 年进行了大范围的土地使用权调整，推行了更彻底的"两田制"，除允许农民继续耕种部分责任田外，将其余部分收回村里，作为村集体机动田处理。[②]

对于机动田的分配和使用，虽然国家有明确法律规定，但村干部作为村集体的代理人，握有分配机动田的权力，可以权谋私，而有关机动田使用法规中的一些不足之处，则为村干部以田谋私提供了可能。机动田虽然不到村集体土地的 5%，但村干部以机动田谋取私利是农村税费改革后一个较为普遍的现象，在许多地方都诱发了不少矛盾乃至冲突。

笔者在中国知网上以"机动田"、"村干部"等关键词、主题和摘要进行检索，也在百度上进行了类似搜索，但除为数不多的一些机动田冲突案例外，几乎没有理论性较强的分析文献。本章拟对有关问题进行初步探讨，以期抛砖引玉。

第二节　机动田使用的法律规范

2003 年 3 月 1 日起实施的《农村土地承包法》第六十三条规定，该法律实施前已留有"机动地"的地方，必须将"机动地"严格控制在本集体经济组织耕地总面积 5% 的限额之内，并严格用于解决人地矛盾，超过的部分应按公平合理的原则分包到户；不足 5% 的，不得再增加；未留"机动地"的地方，不得再留机动地，今后解决人地关系的矛盾，按"大稳定、小调整"的原则在农户之间进行个别

---

① 《"两田制"下，有村干部占地 1200 亩，有村民一分地没有》，http：//zqb. cyol. com/content/2010－05/05/content_ 3214936. htm。
② 《村委会"两田制"以权牟私　中饱私囊　侵占国家惠农资金》，http：//bbs. zxwindow. com/forum. php？mod＝viewthread&tid＝171025。

调整。①

从法律规定看，各地对机动田面积的控制还是较为严格的。例如，中共山西省委、省人民政府在批转《〈关于全省农村延长土地承包期试点情况的报告〉的通知》中要求：以村计算机动田不得超过全村总耕地的5%，凡因情况特殊而超出这个比例的，需报县委农工部严格审批；除机动田之外，严禁再留"积累田"、"干部报酬田"；机动田以留中等田为宜，不应都留最好的耕地；所留机动田要集中用于国家、集体和村镇建设占地后对被占地农户的补偿承包，不得用于新增人口分地。②

关于机动田的分配和使用，中共山西省委、省人民政府在上述通知中规定，机动田要实行公开投标承包，增强管理的透明度，承包期以3—5年为宜，不得进行掠夺性经营。③

但是，各地在机动田分配和使用实践中，违反法规规定的现象屡见不鲜，而这与村干部的不规范行为密不可分。

第三节　村干部在机动田分配中的非规范行为

村干部在机动田分配和使用中的非规范行为主要表现为以下几个方面：

一　枉法徇私

浙江省瑞安市上望镇某村位于城乡结合部，原有耕地总面积410亩，除留机动田5%计20亩外，其余390亩于1984年全部承包给村民，承包期限至2000年，市人民政府给承包农户颁发了土地使用权证。

但是，1993年，村干部未经村民同意和上级批准，擅自实施了第

---

① 笔者调查过的大多数村组都有机动田。例如，湖北省汉川市脉望镇 M 村 1 组有耕地277亩，其中不能耕种的荒地30多亩，向上级上报的承包地面积236.8亩，机动田10亩。

② http：//www.caein.com/index.asp? xAction = xreadnews&NewsID = 2951.

③ Ibid..

二轮承包，将承包田的一半强行转化为机动田，机动田面积增加到200多亩，接近总面积的50％。1996年再次推行第三轮承包时，将承包田全部转为了机动田。

村干部将村民手中的承包田转为机动田收归村里支配后，便直接以地换钱。1993—2000年，共出让土地320余亩，剩下的80余亩土地也被抛荒了三年之久。村干部还以出让土地属于机动田为理由，将出让土地所得的土地补偿费、安置补助费等完全不分给村民，也不向村民公开用途。

为讨说法，村民集资上访，瑞安市有关部门不得不成立工作组下到镇里做村民的工作，但效果甚微。1999年7月10日有村民扬言要在7月16日市长接待日到市里上访，但15日凌晨2时许，16位村民被瑞安市公安局抓走，并以非法集资的罪名扣押了3万余元集资款，6位村民被以"聚众扰乱社会秩序罪"判刑。[①]

二　侵占收益

（一）直接侵占机动田承包收益

笔者在湖北调查时不少农民反映，村里机动田收入长期不入账、不公开，并没有用于村集体事业，而是被村干部侵占，落入了个人腰包。例如，汉川市脉望镇S村不少村民反映，村干部将集体化时期开垦的308亩机动田承包给外村人近10年，每亩年收入100元。又如，汉川市脉望镇T村农民反映，村干部将300多亩（每亩1000平方米）机动田以每年每亩170元的费用长期外包，共得收入13万多元。但这些承包收入和每亩43元的粮补不知去向。为争夺这些利益，许多地方的村支书频繁更换。

（二）承包机动田后通过转嫁承包费间接侵占农民利益

在一些实行了"两田制"的地方，村里将机动田发包出去，只向承包人收取租金，租金的价格大大低于责任田税费，将本应由机动田承担的费用转嫁到责任田上，而不少机动田的承包者是村干部本人及其亲属。

---

① 《村干部滥用职权　村民上访有何罪六人被判刑》，《法制日报》2000年12月2日版。

例如，湖北省钟祥市洋梓镇某村村委会在 1989 年实施了大范围的土地调整，实行了"两田制"，即责任田和通过收回部分责任田形成的村集体机动田，村干部将机动田再次发包。责任田需承担各种税负，但机动田则只缴纳租金，租金通常只有责任田税费负担的一半。也就是说，村民的责任田面积逐渐缩小，而单位面积税费负担却在不断增加，但部分机动田承包收入却落入了村干部的个人腰包，引起了村民的极大不满。①

三　套取补贴

湖北省汉川市湾潭乡某村有 100 多亩机动田，村干部将这些机动田发包给农户耕种后，将种粮面积归并在自己名下上报、套取粮食补贴资金。2007—2009 年，该村共截留粮食补贴资金 5.47 万余元，并置于账外用于村其他开支。

四　背信弃义

某农民 2000 年承包了 15.6 亩机动田，并签订了一年合同，同时口头约定，承包合同期限为 30 年，每三年签订一次合同，如有调整可随时补签合同。虽然该农民有顾虑，表示不同意，但村干部回复说："你耕种就是了，不用连年签订合同。"当时缴纳承包预留金2683.20 元，一直耕种到 2004 年年底。由于地势高，灌溉困难，当年不仅没赚钱，还亏了本。第二年因干旱缺水又赔了 1 万多元。该农民不得已花 1000 多元雇推土机将地势较高的部分推平，后又买有机肥料养地。到第五年才见效益。但第六年（即 2005 年），村干部强行解除合同，又另行发包给他人。虽几经交涉，2008 年又获得了承包经营权，但租金每亩增加到了 500 元，且不落实国家直补。②

五　违法占用

在高农业税费时期，种田严重亏损，许多农民弃耕土地外出打工。在湖北监利县，特别是 1998 年洪灾后，成片的土地被抛荒。但是，当时政府规定不允许抛荒，农民如果不种地，村干部就得进行兜

---

① 《村委会"两田制"以权牟私　中饱私囊　侵占国家惠农资金》，http://bbs. zxwindow. com/forum. php? mod = viewthread&tid = 171025。

② http://www. 9ask. cn/souask/q/q472755. htm。

底。一些地方将农民抛荒的土地转为机动田,由村干部负责承包耕种,他们中的大多数后来成了种粮大户。

农业税费改革后,种地不仅没有税负,还能享受补贴,许多现任和前任村干部因承包土地多而发家致富,而许多当初放弃了耕种土地的农民外出务工不再有年龄优势,就回乡要地。但有的村集体多年欠村干部工资,有的村干部还代集体垫付开支,即使前些年用惠农款进行了抵扣,但远未偿还完毕,如监利县王塘村尚欠债 30 多万元,这些农村土地经营大户以欠债为由,拒绝归还土地经营权。监利县王塘村村民吴某,原有承包地 30 多亩,2000 年左右弃耕,现在没有一分田,只能打零工为生。据村民反映,王塘村共有 200 多户,目前没地的村民就有 27 户。[①]

第四节　结语

按照有关法规,机动田虽然不得超过耕地总面积的 5%,所占比重不大,但对于农民不高的收入而言,机动田收入仍然相当可观。各地的机动田使用权分配基本上都在村干部的掌控之下,为其以田谋私创造了条件,现实中也确有不少这样的案例,村干部以机动田谋私的手段五花八门,导致了不少矛盾和冲突。

笔者 2003 年在黄冈、仙桃市等地调查时就曾发现村干部对集体土地收益的疯狂争夺(彭代彦,2004b),并预测税费改革后机动田收益将成为村干部的主要收入来源,对机动田的争夺将愈演愈烈,这些年的发展充分证实了当初的预测。

---

① 《湖北监利:村干部大肆贪污惠农资金》,http://bbs.tianya.cn/post–no110–59013–1.shtml,2010 年 5 月 5 日。

第五章　宅基地冲突研究

第一节　引言

　　农村居民宅基地是用于建造房屋供农民居住和生活的土地，主要包括三部分：一是住房、厨房、牲畜房、仓库、农机房和厕所用地；二是四旁绿化用地，如房前屋后的竹林、林木和花圃用地；三是其他生活服务设施用地，如水井、地窖和沼气池用地。

　　农村居民宅基地使用权是农民作为农村集体经济组织成员依法享有、无偿无期限获得建造居住房的一种集体土地使用权，是农民基本生活保障之一。尽管国家对农村宅基地的性质做出了明确的法律规定，对其使用也予以了严格的政策规范，但是，农村宅基地的非规范使用现象相当普遍，发生在宅基地确权登记、审批和村居改造等诸环节，表现为侵占他人宅基地、妨碍他人宅基地使用权、毁损他人宅基地、非法转让、超面积占用宅基地、一户多宅、擅自改变宅基地用途和批新不交旧等多方面，导致了不少矛盾和纠纷，而这些大都与村干部的非规范行为密不可分。

　　按照有关规定，宅基地的申请和审批必须经村集体经济组织，一些村干部便利用宅基地审批权，随意越权批地、违法批地，滥用职权，以权谋私，引发了严重的农村社会不公，影响了农村社会的和谐和稳定。

第二节　宅基地性质及其使用的法律规范

一　宅基地性质

农村宅基地的所有权依照法律归农村集体或村集体经济组织所

有，农民只享有使用权。宅基地使用权是农民因建造自有房屋而对集体土地享有的权利，包括占有、使用和收益权利。

第一，占有权。宅基地使用权人依法申请获得农村宅基地使用权后，便享有对宅基地的排他性占有权，任何组织或个人不得非法侵占、擅自使用或剥夺。被批准为宅基地后，原使用或管理者对在上面的建筑及其他设施应限期清理完毕，不得影响现宅基地使用权人的使用。

第二，使用权。不论宅基地使用的年限及其建设情况如何，如无法定原因，宅基地可无期限使用，其上的建筑也同样受法律保护。

第三，收益权。宅基地除用于建筑生活用房外，还可用于修建生产或生活需要的其他建筑和设施，或者种植林木、花草、蔬菜，并享有其收益的权利，宅基地使用权可依法随附带房屋出让。

国家保护私有房屋合法买卖、继承、赠与等权利。因房屋和宅基地连同一体，不可分离，在转让房屋时，宅基地使用权也必须一同转移，但须报请县级人民政府房屋管理部门进行变更登记。

农村宅基地使用权具有以下特征[①]：

第一，宅基地使用权的主体只能是本集体经济组织的成员，新申请人必须是无宅基地、家庭人口众多确需分户居住或因国家或地方建设需要另行安排宅基地的。初始取得宅基地时只需交纳极少的手续费和管理费，宅基地可长期无偿使用，体现了农民享有的一项福利。

---

① 饶赟在《完善我国农村宅基地制度探析》一文中将宅基地特征归纳为五点：一是身份性。只有农村居民（集体经济组织成员）建设住宅才可以申请，非集体经济组织成员不能申请。二是福利性。一户只能申请一处宅基地，并且不能超过省、自治区、直辖市规定的标准，宅基地的使用具有平均分配性、无偿性和无期限性。三是从属性。村民房屋一经建成，宅基地使用权即由地面附着的房屋所有权来确定，不像城市国有土地使用权那样，一旦获得可以独立存在。由于房屋可以继承，因此宅基地使用权实际上也可以继承。但是如果国家建设需要征用土地的，或者村镇规划需要改变土地用途的，可以经法定程序进行重新调剂和安排。因为宅基地主要是作为生活资料提供的，所以权利人不能将宅基地作为生产资料使用，不得利用宅基地投资建厂或者改为鱼塘等。四是所有者权利的虚位性。村民小组作为所有者，无权过问宅基地的使用。五是审批过程中的行政监控性。在中国，宅基地申请须经乡镇政府审核和县政府审批，但这些审核和审批，甚至村委会的审核，都不是基于所有者的权利，而是基于其作为政府监控社会稀缺资源的行政职能而行使的。参见 http://jdzol.net/html/info/577/news_3889.htm。

第二，宅基地使用权仅限于村民建造个人住宅，包括住房以及与生活有关的附属设施，如厨房、院墙、绿化等，也可在宅基地空闲处种植果树，并获得收益。

第三，宅基地以及住宅房屋，既可以居住，也可以用于从事家庭生产和经营活动。①

第四，宅基地使用权实行严格的"一户一宅"制。《土地管理法》第六十二条规定："农村村民一户只能拥有一处宅基地，其宅基地面积不得超过省、自治区、直辖市规定的标准。"国土资源部2004年发布的《关于加强农村宅基地管理的意见》重申强调了"农村村民一户只能拥有一处宅基地"的规定。②

二　宅基地使用的法律规范

农村宅基地涉及全国9亿农民的切身利益，事关社会的和谐稳定，为保证其公平公正合理有效地使用，国家进行了严格立法，出台了一系列政策措施，在《土地管理法》等基本法规中都有相关条款。

中国涉及农村宅基地使用权的法律法规主要有《土地管理法》、《物权法》、《土地管理法实施条例》、《村庄和集镇规划建设管理条例》、《确认土地所有权和使用权的若干规定》及各省、市、区的地方性法规、规章和规范化文件。这些法规对农民申请和使用宅基地做出以下规定：

第一，农村村民建造住宅，应符合乡（镇）土地利用总体规划，并尽量使用原有的宅基地和村内空闲地。新建住宅须向农村集体经济组织或者农村村民委员会提出申请，经乡（镇）人民政府审核，由县级人民政府批准。但是，如果要占用农用地，则须依照《土地管理法》第四十四条的有关规定办理审批手续。

第二，农村村民申请宅基地必须符合下列情况之一：

---

① 事实上，在广大农村，许多农民在家里从事农业甚至工业生产，这与饶赟在《完善我国农村宅基地制度探析》（http://jdzol.net/html/info/577/news_3889.htm）一文中的观点不同。

② 2008年的《关于进一步加快宅基地使用权登记发证工作的通知》规定，"除继承外，农村村民一户申请第二宗宅基地使用权登记的，不予受理"，隐含着"合法继承的宅基地可以予以登记"的意思。

（1）现住房影响乡（镇）村建设规划，需要搬迁重建。

（2）农村居民户除身边留一子女外，其他子女确需另立门户但已有的宅基地低于分户标准。

（3）因自然灾害如地震、海啸、山洪、山体滑坡等原因而失去了宅基地。

（4）集体经济组织收回宅基地或者国家征收而使农户失去了宅基地。

（5）经主管部门批准，由外地迁入的无住房农户。

（6）集体组织招聘的技术人员要求在当地落户且户口已迁入。

（7）离休、退休、退职干部职工，复退军人和华侨、侨眷、港澳台同胞持合法证明回原籍定居，需要建房而又无宅基地。

第三，农民取得宅基地使用权须履行一定的法律手续。《土地管理法》第六十二条第三款规定，"农村村民住宅用地，经乡（镇）人民政府审核，由县级人民政府批准"。具体程序如下：

（1）由本人向所在的农村集体经济组织或村民委员会提出用地申请。

（2）由农村集体经济组织召开其成员会议或者村民委员召开村民会议就村民提出用地申请进行讨论；集体经济组织同意后将申请提交乡（镇）土地利用总体规划，尽量利用原有的宅基地和村内空闲地。如果占用农用土地作为宅基地，则需要依照《土地管理法》规定，报省级人民政府批准，并办理农用土地转用批准手续。

（3）农村集体经济组织成员会议或者村民会议讨论通过后，由村集体经济组织或村民委员会报乡（镇）人民政府审核。

（4）乡（镇）人民政府审核同意后，报县级人民政府批准。其中，占用农用地的，依照《土地管理法》第四十四条的规定办理农用地转用手续。

第四，《中华人民共和国物权法》第十三章规定，已经登记的宅基地使用权，如发生转让或者消灭的，应当及时办理变更登记或者注销登记。转让房屋及宅基地使用权后，宅基地使用权主体发生变化，并涉及受让人取得新的宅基地，故应当依法办理转让登记手续。

第五，宅基地使用权分为登记与未登记两种情况。已经登记的，也可能变更登记或注销登记。在实践中，宅基地使用权并非只有"登记"才产生，如果从"村里"分得一块宅基地，即使没有登记，也拥有使用权。

第六，有下列情况之一的，不得分配宅基地：

（1）出卖、出租或以其他形式非法转让现有住宅而使宅基地达不到标准或丧失宅基地后，再申请宅基地的。《土地管理法》规定"农村村民出卖、出租住房后，再申请宅基地的，不予批准"。房屋及宅基地使用权的买卖受让人只限于本集体经济组织内没有住房和宅基地且符合宅基地使用权分配条件的成员，并须征得本集体经济组织同意。但如果两户的宅基地都达不到标准，则按例外对待。

（2）一户1子（女）有1处以上（含1处）宅基地的。

（3）户口已迁出、不在当地居住的。

（4）年龄未满18周岁，又不具备分户条件的。

（5）虽在农村居住但户口未迁来当地的。

（6）其他规定不应建房和安排宅基地用地的。

第七，为提高宅基地使用效率，申请人取得宅基地使用权后，满两年未建设房屋或房屋坍塌、拆除两年以上未恢复使用的，其宅基地使用权由集体经济组织无偿收回。

第八，依照《土地管理法》、《土地管理法实施条例》和《基本农田保护条例》的有关规定，对违法使用宅基地的，将进行处罚：

（1）农村村民未经批准或者采取欺骗手段骗取批准，非法占用土地建住宅的，由县级以上人民政府土地行政主管部门责令退还非法占用的土地，限期拆除在非法占用的土地上新建的房屋。

（2）农村村民超越省、自治区、直辖市规定的宅基地标准，多占土地的，多占的部分以非法占地论处，即按照未经批准或者采取欺骗手段骗取批准非法占用土地的违法行为处罚。

（3）农村村民买卖或者以其他形式非法转让宅基地的，由县级以上人民政府土地行政主管部门没收违法所得，可以并处罚款。

（4）农村村民不按照批准的用途使用宅基地的，由农村集体经济组织报经原批准用地的人民政府批准，可以收回宅基地使用权。

（5）农村村民擅自占用耕地建房，破坏种植环境的，由县级以上人民政府土地行政主管部门责令限期整改或者治理，可以并处罚款；构成犯罪的，依法追究刑事责任。

（6）农村村民占用基本农田建房，毁坏种植条件的，由县级以上人民政府土地行政主管部门责令改正或者治理，恢复种植条件，处占用基本农田的耕地开垦费一倍以上二倍以下的罚款；构成犯罪的，依法追究刑事责任。

第九，如果国家建设需要征用土地，或者乡村土地利用规划、村镇规划需要改变土地用途，或村民宅基地的实际使用面积过大，远远超过当地规定的标准，经过村民代表大会或村民大会讨论通过，报请乡（镇）人民政府审查、同意，基本核算单位有权调剂或重新安排使用。但应对原有宅基地的建筑物和树木等给予合理赔偿，不得平调。

第十，严禁以建住宅为名在农村宅基地上搞房地产开发和炒房地产。对将现有住宅改为经营场所的，除了不再批准新的宅基地外，还应按其经营场所实际占用土地面积，从经营之日起，核收土地使用费。① 对于户口已经"农转非"的人员，应适时核减宅基地面积。②

第十一，农村宅基地不能转让给城镇户口的居民。1999 年国务院办公厅《关于加强土地转让管理严禁炒卖土地的通知》明确禁止"城乡居民占用农民集体土地建住宅"，2004 年 11 月（234 号文件）国土资源部《关于加强农村宅基地管理的意见》再次强调"严禁城镇居民在农村购置宅基地，严禁为城镇居民在农村购买和违法建造的住宅发放土地使用证。"因此，城镇居民不能购买农村的宅基地，国土资源管理部门不能为城镇居民在农村购买和违法建造的住宅发放土地使用证。

---

① 这一规定似乎过时。现在，经批准，即使城镇居民也可在住宅内从事生产经营活动。事实上，农民在家里从事农业甚至工业生产的现象非常普遍，应允许其合法化。
② 另外，城镇职工要求自费建房应由城建部门统一规划，经地政部门批准后统一征地、建房，不准私自到农村买地、租地建房。

第三节　宅基地使用中村干部的非规范行为

尽管国家在法规和政策层面对农村宅基地的性质和使用进行了严格规定，但农村宅基地的非规范使用在各地仍然十分普遍，表现为非法占地、非法转让、非本村集体成员占用、超面积占地、一户多宅、擅自改变宅基地用途和批（建）新不交（拆）旧等诸方面，造成了大量浪费，诱发了不少矛盾。这些问题的产生与村干部在宅基地分配中的非规范行为密不可分。

俗话说，农村工作三台戏，计划生育宅基地。宅基地管理既是农村基层的最主要工作之一，也成为许多村干部的生财之道，诱发了村干部在宅基地使用中的诸多非规范甚至违法行为，以下利用网络公开报道的典型案例加以说明。

案例1：借尸还魂

给已经去世的人分宅基地，从中牟利。河北省定州市某村主要干部不经其他村干部商量，不通过村民代表或村民大会讨论，也不报乡镇土地管理部门审核，更不报县土地局审批，擅自决定宅基地的分配，分到地的农民中有的已经过世20多年，甚至三四十年。刚出生的小孩，只要交钱，也可分到宅基地（以15周岁为界，每少一年，多交200元）。仅2009年8月、9月两个月，就收宅基地使用费11万元。有的村民分到死人名义的宅基地后，转手倒卖便可获取暴利。[①]

案例2：推诿拿捏

有些符合宅基地申请条件的村民，因与村干部之间有矛盾，会受到刁难，被以种种理由告知不能安排。某地兄弟俩均已结婚，住房紧张，想在原有老宅基地上修建房屋，估计要占用邻居家宅基地2米。虽向村干部申请，拖延5年都无结果，托词是要与邻居协调，事实上，其邻居已经在同村拥有其他宅基地，并已搬离本市居住，但因与

①《给死人分宅基地，村干部敛财有术》，http://hlj.rednet.cn/c/2010/11/29/2123083.htm。

村干部是亲戚关系，故受到特殊庇护。①

案例3：暗度陈仓

浙江苍南县某村干部自2001年3月起用本人、亲友或他人名义，冒充该村住房困难户，在被冒充村民根本不知情的情况下②，骗取政府用地批文，获得114间宅基地使用权。尽管批文明确规定，建房户只有使用权，不得擅自改变用途，不得买卖和非法转让，但村干部仍然进行了转卖，中饱私囊。③

案例4：强取豪夺

某村民在2.8亩口粮田上种植了200多棵果树，年收入1万多元。村民小组长找到他，说要将这块地收回村里用于宅基地，并答应重新划拨土地予以补偿。不久便在果园里给其他村民划了一块0.52亩的宅基地，据说收取了5万元费用。获得宅基地的村民盖起了新房，但小组长却一直没有兑现当初重新划拨土地的承诺。不仅如此，村组干部还在没有打招呼的情况下叫来一辆铲车，强行将果园里的13棵果树推倒，并叫人将他抱住和按倒在地长达2个小时，指使人乘机用斧头砍掉40多棵果树④。

案例5：肆意妄为

这类行为相当普遍。因盗窃而入狱的刑满释放人员北京丰台区长辛店镇某村委会副主任韩某，为自己竞选村主任一职拉选票，私自将其负责的某社区10余亩土地以承包的方式批给村里的28户村民，作为宅基地使用，租期20年，但村民建房后被认定为违建遭到强拆。⑤吴川市长岐镇某村干部将2亩农田填成宅基地，分成12块，向外拍

---

① 《已经具备条件，村干部不批宅基地怎么办？》，http：//zhidao. baidu. com/question/51641546. html。

② 《温州大拆迁一年　村干部非法倒卖8000万元宅基地》，http：//house. people. com. cn/n/2012/0925/c164220 – 19098540 – 1. html。

③ 《温州村干部倒卖大量宅基地　村民房屋面临强拆》，http：//house. enorth. com. cn/system/2013/01/21/010550396_ 01. shtml。

④ 《万荣南百祥村干部如此买卖宅基地》，http：//news. sina. com. cn/c/2008 – 04 –19/075613761474s. shtml。

⑤ 《北京一村官为拉选票非法批地获刑》，http：//leaders. people. cn/GB/13134512. html。

卖，每块最低标价 3 万元①。西安市灞桥区灞桥街道办某村干部数年来以每处 35000 元价格，向外村人卖了近 200 处宅基地，后来又在公路边建起 50 栋独立别墅，以每套 25 万元的价格对外出售，收入数百万元，但村民没有收到一分钱。② 汝阳县某村主任等人每处宅基地收取 5500 元至万元不等的费用后私批宅基地 100 多亩，致使无证建房 100 余处，占用耕地 100 多亩。③ 漯河市某村原村支书、现村主任滥划宅基地 58 处进行拍卖，贪污挪用所拍款项 200 余万元。④

案例 6：坑蒙拐骗

2005 年 12 月，登封市某村召开大会，村干部对村民说，经村支部、村委会研究决定并报请乡党委、乡政府同意，决定将第三村民小组一处废弃黏土砖场空地分给组里群众作为宅基地，凡是村里的村民，不论是否有宅基地，只要交钱都可以申请。当时承诺，限本组村民，男孩只要交费 3300 元，女孩只要交费 4300 元，村组负责开具收据，并于 2005 年 12 月底将宅基地落实到位，乡里负责办理土地使用证等所有手续。但是，时间过去了两年多，交了费的 40 多户村民仍然没有得到宅基地使用权。⑤

案例 7："一女二嫁"

平潭县澳前镇某村林某 1999 年花 1.4 万元向村委会购得 B61 地块宅基地的使用权，并收到村委会开具的盖有公章的正式发票。2006 年，他向平潭县建设局申请个人建房，并在此后几年陆续取得该宅基地的建设用地规划许可证和建房用地批准书。2011 年年初，他外出打工，当年 9 月回乡，但发现自己的宅基地上被他人建了房子。后来得知，村里 1995 年又以 2 万元的价格卖给了另一村民，也同样开具了

---

① 《农田岂能当宅基地被村干部拍卖》，http：//news. gdzjdaily. com. cn/zjxw/content/2013　05/24/content_ 1695392. htm。

② 《西安市灞桥区豁口村干部建别墅对外销售调查》，http：//news. 9ask. cn/fcjf/anli/201102/1087737. shtml。

③ http：//club. news. sina. com. cn/thread－505181－1－1. html.

④ 《邓州市村主任滥用职权划宅基地拍卖　镇政府包庇称不实》，http：//www. yqsbw. net/html/hnpd/zlhn/24629. html。

⑤ 《登封一村干部鼓动村民买宅基地　挥霍农民置地款》，http：//henan. people. com. cn/news/2008/03/19/275553. html。

正式收费票据。① 广东惠来某地村干部没召开村民大会讨论，不经有关政府部门批准，将农田变成宅基地，划分小块，以几百元到 2 万元不等的价出售，只开具没盖公章、仅有收款人签名的收据，而卖地收入用途并不公开。②

第四节 农村宅基地冲突的原因

农村宅基地冲突的根本原因在于立法层级过低和法规条款冲突。北京市农村法治研究会的一项题为《〈北京市农村宅基地及农民住宅条例〉法规预案研究报告》（以下简称《研究报告》）（载《北京法治发展报告（2011)》）的专题调研报告显示，与宅基地有关的法律和政策之间存在着大量冲突，主要表现如下③：

一 各地规定五花八门，缺乏统一性

首先，对于超标占地的处置，各地制定了不同原则。昆明市要求村民"腾退超标准占用的宅基地"；厦门市实行"宅基地有偿使用制度"，并鼓励村（居）民委员会组织公开招标；山东省和德州市均通过宅田挂钩方式相应扣减村民的承包地面积，德州市还进一步规定，"由村集体与申请人签订承包协议，临时确定给申请人发展庭院经济"。

其次，对于村民因继承而取得的多户住宅的处置方式，各地规定也不相同。河北省规定必须将多余的住宅转让给符合宅基地申请条件的村民；三亚市和海口市要求村民将多余的宅基地退回并由农村集体经济组织统一安排使用；上海市、黄冈市和株洲市则规定，可以确立

① 《平潭龙山宅基地一地多卖起纠纷 投诉一年半无果》，http：//www. fjsen. com/a/2013 - 03/29/content_ 11004130_ 2. htm。

② 《广东惠来村干部要农民把田当宅基地购买》，http：//news. 163. com/07/1101/17/3S7TJSSQ00011SM9. html，2007 年 11 月 1 日。

③ 张维：《专家建议对宅基地管理统一立法》，《法制日报》2012 年/11 月/13 日第 6 版，http：//www. legaldaily. com. cn/News_ Center/content/2012 - 11/13/content_ 3980506_ 2. htm。

这些宅基地的使用权；而山东省菏泽市对此予以了区别对待，对于符合申请宅基地条件的，可以办理土地使用权变更登记手续，对于不符合申请宅基地条件的，注销其土地使用证或用地批准文件，由村民委员会或农村集体经济组织收回宅基地使用权。

最后，对于近些年广受关注的集中建房问题，各地规定也不一。上海市规定由区（县）人民政府组织制订集体建房实施计划，由村民委员会负责具体落实；福建省规定了集中建房包括统规统建、统规自建、统一旧村改造等方式，实施主体则可以是镇乡人民政府或村民委员会。

二　法规和法规之间冲突，导致了实践操作中的混乱，增加了相关部门的执法难度

最引人关注的矛盾规定是有关城镇居民能否购置宅基地的问题。1993 年颁布实施的《村庄和集镇规划建设管理条例》第十八条规定，回原籍村庄、集镇落户的职工、退伍军人和离休、退休干部以及回乡定居的华侨、港澳台同胞等城镇非农业户口居民等特定人群，在符合一定条件下，可以成为农村宅基地的使用权主体。而 1999 年国务院办公厅发布的《关于加强土地转让管理严禁炒卖土地的通知》却明确禁止"城乡居民占用农民集体土地建住宅"，2004 年 11 月国土资源部《关于加强农村宅基地管理的意见》再次强调"严禁城镇居民在农村购置宅基地"。

三　法律和法律之间"撞车"

除法律与政策规定不一致外，法律与法律之间也不乏冲突之处。例如，在有关"违法建设"的治理方面，《城乡规划法》和《土地管理法》分别规定了两个不同的执法主体。《城乡规划法》规定，"由乡、镇人民政府责令停止建设、限期改正；逾期不改正的，可以拆除"；《土地管理法》则规定，"由县级以上人民政府土地行政主管部门责令退还非法占用的土地，限期拆除在非法占用的土地上新建的房屋"。由于对管理主体的规定不一，实践中常常出现乡政府和国土管理部门相互推诿甚至扯皮的现象，政府执法权威性和公信力因此受到了影响。

四 即使是同一部门内部规章之间也时常因缺乏连续性产生冲突

国土资源部 2004 年发布的《关于加强农村宅基地管理的意见》规定，"农村村民一户只能拥有一处宅基地，面积不得超过省（市、区）规定的标准"，强调"一户一宅"；而 2008 年发布的《关于进一步加快宅基地使用权登记发证工作的通知》又规定，"除继承外，农村村民一户申请第二宗宅基地使用权登记的，不予受理"，意味着"合法继承的宅基地可以予以登记"。

《研究报告》认为，导致上述问题的原因在于农村宅基地尚无一个清晰的制度框架和各级人大及其常委会的立法缺位。《研究报告》指出，目前与农村宅基地及其住宅有关的法律主要有《土地管理法》、《物权法》和《城乡规划法》等，但其内容过于简单，缺乏体系性设计。《研究报告》撰写者以"宅基地"为关键词搜索到省级规范性文件 7 个和地市级规范性文件 33 个，由省和市政府、国土资源厅以及市政府办公室名义发布的分别有 33 个、1 个和 6 个。这些文件主要围绕宅基地的申请条件、程序、面积标准及违规用地的法律责任等进行了规定。目前，尚无一个由人大出台的省级地方性立法文件。山东省人大常委会虽然曾于 20 世纪 80 年代初制定过《关于农村建房占用土地问题的决议》，但内容简单，已远远不能适应现实需要。

全国层面法律调整不足、地方人大规范缺位和大多数具体事项都由利益相关方的政府部门出台文件予以规范导致法制缺乏统一性。为了维护农民住房权益和保证法制的兼容性，《研究报告》建议参考《农村土地承包法》，出台全国统一的《农村宅基地及农民住宅法》。笔者认为，这一建议是合理的，有必要抓紧落实。

第五节　解决宅基地纠纷的法律规范

《土地管理法》对宅基地纠纷主要规定三种解决方法，但是，这些处理机制存在着处理程序复杂和效率低下的缺陷，是造成宅基地纠纷案件居高不下的一个重要原因。

一　协商解决

《土地管理法》第十六条第一款规定，"土地所有权和使用权争议，由当事人协商解决"。据此规定，公民之间发生的宅基地纠纷，应当先通过协商的方式加以解决。[①] 在现实中，很少有宅基地纠纷可以通过协商加以解决的。

首先，宅基地使用权事关农民的根本利益、面子甚至家庭和谐，村民之间有关宅基地的争议，是典型的零和博弈，你多一点，他就得少一点，通过当事人之间的协商是难以解决的。

其次，即使当事人就宅基地权属纠纷达成调解协议，但如果一方当事人反悔，该调解协议的效力，如何认定？若调解协议的内容与双方所持宅基地权属证明文件产生冲突，是应该认定调解协议的效力还是应该认定宅基地权属证明文件的效力？这些问题在实践中均出现过。例如，有的纠纷当事人因急于建房或其他原因，接受了处理机关或基层组织主持的调解协议，但当其目的达到之后，另一方当事人建房时，出于报复或其他目的，又撕毁了调解协议。[②]

二　行政解决

《土地管理法》第十六条第二款规定："个人之间、个人与单位之间的争议，由乡级人民政府或者县级以上人民政府处理。"该法还规定，侵犯土地的所有权或者使用权争议，由县级以上地方人民政府土地管理部门责令停止侵犯、赔偿损失。但行政解决宅基地纠纷具有三个弊端：

首先，根据《土地管理法》规定，宅基地权属纠纷案件由县、乡两级人民政府处理。具体来说，分别由政府职能部门县国土资源管理局和乡镇土地管理所负责。但是，由于处理此类案件花时费力伤财，

[①] 此外，宅基地纠纷还可以通过人民调解来解决。人们调解是指在调解委员会（包括城市的居民委员会和农村的村民委员会）的主持下，以国家的法律、法规规章、政策和社会公德为依据，对民间纠纷当事人进行说服教育、规劝疏导，促进纠纷当事人互相谅解，平等协商，从而自愿达成协议、消除纷争的一种群众自治活动。但是，这种调解的效力同样也难以期待。

[②] 夏宁群：《当前农村宅基地纠纷案件的现状、存在问题、形成原因及解决对策》，http：//hnwxfy.hncourt.org/public/detail.php？id＝125，2009 年 6 月 5 日。

法律又没有规定可以收取费用，因此，一些地方的县乡两级国土管理部门均把处理土地权属案件作为包袱，不愿受理。纠纷当事人为了尽快处理争议，有的不得不出钱请国土部门下设的自收自支部门、乡镇司法所或信访办处理，有些地方甚至让社会闲散人员负责处理。处理人员水平参差不齐，有的不仅没有很好地解决纠纷①，反而还激化了矛盾。

其次，法律赋予行政机关制止纠纷当事人实施与权属争议有关违法行为的手段较为薄弱。例如，一方当事人强行施工建房，处理机关做出了停建决定并下发通知后，即使当事人不予理睬，处理机关也束手无策，只能眼睁睁看着当事人施工而不能采取任何强制措施。在这种不能通过公权力解决纠纷的情况下，只有通过私力救济的方式去维护自己的权益，最为常见的是暴力冲突，致使双方的民事争议升级为行政或刑事案件。在现实中，因宅基地权属争议而引发打架甚至刑事伤害案件的现象屡见不鲜。②

最后，一般情况下，一个宅基地权属纠纷案件需经两级政府决定，即使处理决定合法，也能被当事双方接受，通常也需要一年的时间，对当事人来说，是一个相当漫长的过程。

三 司法解决

《土地管理法》第十六条第二款规定："当事人对有关人民政府的处理决定不服的，可以自接到处理决定通知之日起三十日内，向人民法院起诉。"也就是说，公民之间发生的有关土地使用权和所有权纠纷，须先经过有关行政机关的处理，只有不服处理决定的，才可以向人民法院提起诉讼。否则，人民法院不予受理。

如果行政机关对宅基地权属纠纷案件的处理决定不合法，法院判决撤销，并由行政机关重新进行处理，需要的时间会更长。依据《行政诉讼法》规定，人民法院审理行政案件时可调解的范围有限，仅适用于行政赔偿、行政补偿以及行政机关行使法律、法规规定的自由裁

---

① 夏宁群：《当前农村宅基地纠纷案件的现状、存在问题、形成原因及解决对策》，http：//hnwxfy. hncourt. org/public/detail. php？id=125，2009 年 6 月 5 日。

② 同上。

量权的案件。其他行政案件一律不适用调解。

第六节　结语

本章分析表明，村干部在农村宅基地矛盾和冲突中扮演了重要角色，其不按规章办事、肆意妄为是农村宅基地冲突的主要诱因之一，而制度不完善则是农村宅基地冲突的根本原因。对村干部的这种非规范行为，在现有体制和法律框架下，上级政府和村民都不能有效监督，难以构建有效的解决方案。

首先，国土部门在审批宅基地申请的过程中，只能依申请、依条件审批，对不能上报到国土部门的宅基地纠纷，即使村民的诉求符合宅基地审批条件，国土部门没有管理、制约农村集体经济组织和村干部的制度依据，更缺乏激励机制，现实中也几乎找不到这样的案例。

其次，国务院 1982 年颁布实施了《村镇建房用地管理条例》，许多地方都制定了乡镇规划，但规划不健全、审批不严格、贯彻不彻底的现象相当普遍，给村干部的肆意妄为提供了较大的空间。

最后，《村民委员会组织法》第十九条规定要将"宅基地的使用方案"提交村民会议讨论决定，但事实上，是否召开村民会议几乎完全主要由村干部操控，村民无从制衡，使这一法律规定沦为一纸空文。

第六章　建设用地流转冲突研究

第一节　引言

党的十八届三中全会通过的《中共中央关于全面深化改革若干重大问题的决定》指出，要建立城乡统一的建设用地市场，在符合规划和用途管制前提下，允许农村集体经营性建设用地出让、租赁、入股，实行与国有土地同等入市、同权、同价（即"三同"）。这一重大决策有利于增加农民收入，促进农村发展，协调城乡关系，具有划时代的重要意义。

中国农村集体土地（即"农村土地"）包括农用地、建设用地和未利用地，而建设用地又分为经营性和非经营性两类。经营性建设用地指乡（镇）村集体经济组织和农民个人投资进行各种非农业建设所使用的土地，非经营性建设用地主要指农民宅基地。农村集体建设用地所有权归集体，农民享有使用权，使用期限无具体规定。据《全国土地利用总体规划纲要（2006—2020 年）》提供的数据，2010 年全国城乡建设用地为 2488 万公顷，其中城镇工矿建设用地 848 万公顷，农村宅基地 1333 万公顷，农村经营性建设用地 307 万公顷，分别占34.1%、53.8% 和 12.3%。

农村集体经营性建设用地流转是指农村集体经济组织或其他集体建设用地使用者通过出让、出租、转让、转租、作价入股、联营和抵押等形式，将集体建设用地的使用权有偿转让给其他经济主体使用的行为，既包括初次流转，也包括再次流转（黄庆杰、王新，2007；黎平，2009）。现有的 307 万公顷农村经营性建设用地一旦与国有土地

"三同"流转起来，其利用率将大大提高，会产生巨大经济影响。国土部公报显示，2012 年中国住宅用地供应量为 11.08 万公顷（11.08 亿平方米），农村集体经营性建设用地可以满足房地产住宅用地 30 年的需求。

但是，农村集体经营性建设用地"三同"流转也会改变农村的收入分配格局，诱发新的农村土地矛盾，导致农村矛盾乃至冲突的转型，而村干部在其中将扮演重要的角色。

第二节　农村土地流转收入分配的制度基础

农村土地流转及其收入分配建立在以下两项基本制度基础之上：

一　农村土地集体所有，农户承包经营

2004 年修订的《土地管理法》第八条和 2004 年修订的《宪法》第十条明确规定："农村和城市郊区的土地，除由法律规定属于国有的以外，属集体所有；宅基地和自留地、自留山也属于集体所有。"至于属于哪一级和哪一个农村集体所有，《民法通则》第七十四条规定："集体所有的土地依照法律属于村农民集体所有，由村农业生产合作社等农业集体经济组织或村民委员会经营、管理。已经属于乡（镇）农民集体经济组织所有的，可以属于乡（镇）农民集体所有。"《土地管理法》第十条也规定："已经属于乡（镇）农民集体经济组织所有的，由乡镇农民集体经济组织经营、管理。"国土资源部调查数据显示，属于乡镇、村和村民小组所有的土地大多数有实地标志，面积之比大致为 1∶9∶90（顾海英、赵德余，2003）。

有关法律同时规定，农民享有对农村集体土地的承包经营权，承包期限最早确定为 15 年，后又延长至 30 年，并在《农村土地承包法》（第二十条）中予以了明确规定。[①]

---

① 这是耕地的承包期限。草地的承包期为 30—50 年，林地的承包期为 30—70 年；特殊林木的林地承包期，经国务院林业行政主管部门批准可以延长。

　　尽管关于农村土地所有制选择争论已久（廖洪乐，2007），但党的十八届三中全会后中央权威人士再次明确表示，农村土地制度改革不能突破三条底线，其中之一就是不能改变土地所有制，即农民集体所有制和农民承包使用关系长期不变①（陈锡文，2013），2013年12月23—24日在北京召开的中央农村工作会议也强调，农村土地农民集体所有是农村基本经营制度的"魂"，集体土地承包权归作为集体经济组织成员的农民家庭是土地流转的前提，其他任何主体都不能取代农民家庭的土地承包地位，不论承包经营权如何流转，集体土地承包权都属于农民家庭；要稳定土地承包关系，保障农民对承包地占有、使用、收益、流转及承包经营权抵押、担保权利。因此，农村土地集体所有和农户承包经营是决定农村经营性建设用地流转收入分配及其矛盾的最重要的制度基础。

　　二　村民自治

　　《村民委员会组织法》规定，全体村民通过选举产生村民委员会，实行村民自治。村民自治尽管已（试）运行近30年，但除个别特例外，绝大多数仍然只是停留在形式上，实际行使领导权的是村支书。

　　现实中的村级组织包括村党组织和村民委员会，《村民委员会组织法》对两者性质和职能做了明确规定：村党组织是中国共产党在农村的基层组织，要在农村各项工作中发挥领导核心作用，支持和保障村民开展自治活动和行使民主权力（第三条）。村民委员会是村民自我管理、自我教育、自我服务的基层群众性自治组织，其职责有：办理本村的公共事务和公益事业，调解民间纠纷，协助维护社会治安（第二条）；向人民政府反映村民的意见、要求和提出建议；协助乡、民族乡、镇的人民政府开展工作（第四条）；支持和组织村民依法发展各种形式的合作经济和其他经济，承担本村生产的服务和协调工作，促进农村生产建设和社会主义市场经济的发展（第五条）；宣传宪法、法律、法规和国家的政策，教育和推动村民履行法律规定的义务，爱护公共财产，维护村民的合法权利和利益，发展文化教育，普

---

　　①　陈锡文：《三中全会土改有三条底线不能突破》，http://news.hexun.com/2013-12-05/160325480.html? from = rss，2013年12月5日。

及科技知识，促进村和村之间的团结、互助，开展多种形式的社会主义精神文明建设活动（第六条）。

因此，尽管法律规定村级组织是村民自治组织，但其主要职责是完成乡镇政府交办的各项任务，履行政府职能，相当于政府的末端机构。绝大多数地方村党组织和村民委员会共同行使职能，村支书由乡镇任命，居于村级组织的权力核心，只要不干出党纪国法难容的事，一般不会被更换，掌握着村委会主任等其他村干部的决定权，在村级组织所有职能中发挥着核心领导作用，拥有村委会一切重大事务的决策权（彭代彦、张卫东，2003）。

村民小组虽然拥有 90% 的农村土地，但根据《村民委员会组织法》，并无独立地位，隶属于村民委员会，村民小组所拥有土地的经营管理权也属于村支书。

"村级自治"的上述特征决定了农村集体土地流转的决定权在乡村主要干部手中，而不是真正拥有土地所有权的村民小组，更不是农村土地的理论上的终极所有者——普通农民。在现实中，乡村主要干部不与农民商议、私下与征地者合谋、转让集体土地的不乏其例。至于土地流转收益的分配，则更是由乡村干部说了算。不仅如此，乡村主要干部还可以调整甚至侵占农民的承包地。为了限制村干部干涉农民的承包权，《土地承包法》明确规定承包期内发包方"不得收回承包地"和"不得调整承包地"，为此还采取了一系列措施，如农村土地确权、登记和颁证①和司法救济②等。但村干部作为集体土地所有者的代表，有权提出土地调整动议，并总能通过一些巧妙的操作使其变为现实。农业部部长韩长赋 2013 年 12 月 25 日在全国农业工作会

---

① 党的十七届三中全会提出要搞好农村土地确权、登记和颁证工作，2009 年"中央一号文件"规定，要稳步开展土地经营权登记试点，把基本农田落实到户并标记到土地权属证书上，开始了承包经营权的确权、登记和发证工作试点，农业部部长韩长赋 2013 年 12 月 25 日在全国农业工作会议上指出，2014 年全国将扩大农村土地承包经营权确权登记颁证试点范围，确定两个省开展整省试点，其他各省份至少要选择 1 个县开展整县试点。在试点的基础上，争取后年全面推开，力争 5 年基本完成（参见《5 年内完成农村土地承包经营权确权登记颁证》，新华网）。

② 2005 年发布的《最高人民法院关于审理涉及农村土地承包纠纷案件适用法律问题的解释》强调农户的权利主张可以诉诸法律。

议上指出，农村土地承包关系总体是稳定的，但由于二轮延包不完善、确权不到位，也存在承包期内随意调地的问题。[①] 广东申通物流有限公司为顺利租到土地，向广州市白云区人和镇 4 个村的"两委"班子成员、经联社社长甚至片长共 29 名村干部行贿 1600 万元。最终，这 4 个村都在没有提交村民代表大会讨论、仅有村委会委员签字同意的情况下，与投资人签订了用地协议[②]。

第三节　农村土地"非三同"流转冲突

农村土地"非三同"流转指农村土地在流转时，不能与国有土地同等入市、同权和同价，具体包括两种形式：

（1）众所周知的农村土地征用，即政府先将农村土地由集体所有转换为国有，除一部分作为公共建设用地外，其余大部分通过招拍挂的形式卖给企业和个人，以满足商业用地需求。

（2）农村集体建设用地流转，是指农村集体和个人将农村土地租赁、转让给企业和个人用作厂房、仓库、商业市场等的行为。农村集体经营性建设用地的流转现象早在《土地管理法》出台之前就已存在，至今在经济发达地区和城市近郊已形成相当规模。在珠三角，农村集体土地的流转十分普遍，例如，原广东省南海市有大量土地被出租或在土地上建厂房、仓库、店铺后出租。据广东省国土部门统计，珠江三角洲地区通过流转的方式使用的农村集体建设用地已占集体建设用地的一半以上。

在北京，农村集体建设用地的流转主要有三种类型：

第一类是对原乡镇企业重组改制，企业占用建设用地作为企业资产组成部分连同企业其他资产一起通过拍卖、租赁、联营、承包等形式流转。

---

① 《5 年内完成农村土地承包经营权确权登记颁证》，新华网。

② 《七成腐败村官爱发"土地财"，警惕新一轮城镇化中的"小官巨贪"》，《检察日报》2014 年 1 月 7 日（http://fanfu.people.com.cn/n/2014/0107/c64371 –24041931. html）。

第二类是近年来在各类开发区和工业大院建设中兴起的流转，主要包括四种形式：一是出租，包括在土地整理和基础设施配套建设基础上的直接出租（如昌平区郑各庄村、平谷区东鹿角村）、标准厂房出租（如怀柔区大中富乐村）和土地兼厂房出租（如通州区小堡村）三种方式；二是土地入股，即农民以土地作价入股，不参与企业经营，不承担经营风险，每年获得分红（如通州区光机电产业基地）；三是土地转让，即部分乡村集体将开发后的土地一次性转让给企业，收取转让费，转让期限一般为10—30年；四是建立土地基金会（如大兴区榆垡镇），用地单位和村集体分别用土地补偿金和土地入会，由基金会统一进行土地开发和招商引资，并按年付给农民土地租金。

第三类是住宅开发，村集体在旧村改造过程中，通过自筹资金或与开发商合作的方式进行新村建设，并将一部分剩余房屋出售（如昌平区郑各庄村等）（黄庆杰、王新，2007）。

尽管中国法律对农村土地转用和建设用地的流转有严格的限制和明确的规定，但农村集体往往能通过"以假乱真"（以合作、合资名义申报土地转用手续）和"无证用地"等方式加以规避，使出租地和厂房建设表面合法化，实现农村土地转用和流转的合法化（高圣平、刘守英，2007）。

农村土地"非三同"流转因收益分配不合理导致了大量矛盾和冲突，可大致分为两个层次：

第一个层次是因征地补偿标准太低而导致的官民矛盾，即征地补偿标准矛盾。征地的实质是低价征收、高价转让，主要收益归政府。2012年12月《土地管理法》被审议之前，征地补偿是按照"原用途补偿"原则确定的，土地补偿费和安置补助费的总和不得超过土地被征收前三年平均年产值的30倍。唐健和谭荣（2013）根据国土资源部相关公报数据测算发现，自1987年年底实行土地有偿使用制度起至2011年年底为止，全国累计收取土地出让金约11.3万亿元，其中，政府占60%—70%，村级集体组织占25%—30%，农民得到的不到10%，由此导致的上访、官民冲突等极端事件层出不穷，不计其数。

第二个层次是土地流转收益分配不公导致干群矛盾，即村干部与村民之间的矛盾，具体又可分为三种类型：

（1）流转决策权矛盾。农村集体土地流转的实际支配权主要集中在乡镇，尤其是村干部手中，而不是真正拥有土地所有权的村民小组，更不是农村土地终极所有者——普通农民。农民与村干部处于明显的不对称地位，村干部通过垄断信息，不告知广大农民集体建设用地流转的去向、用途、收益、年限等，也不按程序经村民大会或村民代表大会讨论通过，剥夺农民的参与权和决策权甚至知情权，规避监督，私下与征地者合谋、勾结，支配转让出租农村土地，在征地补偿之外侵占一部分本该归农民的利益，甚至从事房地产开发，侵占相当部分农村土地流转收益，造成对农民权益的剥夺，由此诱发的冲突不胜枚举。①

（2）流转收益风险矛盾。一些工业开发区或用地企业，与农民签订了长期的土地租赁协议，约定按年支付租金，但由于现有集体土地流转大多属于村干部与用地单位之间的私下交易，既没有规范的合同文本，也没有经过报批，因此缺乏必要的法律法规支持，协议的执行没有保障，一旦发生拖欠租金等利益纠纷，法院将视原来所签订的合同为无效合同，不能保障出租方——农民的利益（黄庆杰、王新，2007）。

（3）流转收益分配矛盾。按照现行法律规定，征地补偿费归集体经济组织，安置费归安置主体，只有地上附着物和青苗费归承包土地的农民个人。② 也就是说，国家提供的征地补偿费大部分首先是给村集体的。至于建设用地的流转收益，就更是直接归乡村集体组织了。但是，中国对集体收益分配的人员资格及分配比例确定等内容没有制定具体办法和明晰政策（谭峻、涂宁静，2011），在实践中，各地征地收益的实际分配方案也是千差万别，在很多地方，农村土地流转收益的大部分被乡镇政府、村集体用于发展经济和各项社会公益事业③，

---

① 以至于有人反对集体建设用地进入市场（参见高圣平、刘守英，2007）。
② 尽管国务院曾发文规定土地补偿费基本上要全部发给失地农民，但在实际操作中，远非如此。
③ 从原广东南海的实践来看，尽管农民可以从公共收入所提供的公共品中受益，但土地权益的外溢也是显而易见的（蒋省三、刘守英，2003）。

一部分被乡村干部贪污、私分和挪用，一部分被用于村集体经济组织开支，只有一小部分被用来补偿农民，有的地方甚至不对农民进行土地收益分配，仅给予一定的粮油补贴和公共福利。[①] 至于成员权的界定，则多以户籍和承包地为依据（如苏州以户籍、而成都以土地作为入股依据）（曲福田、田光明，2011），其中，村干部具有支配性的发言权和决定权，可选取的方式使自己及亲属的利益最大化。典型调查表明，集体建设用地流转收益的分配关系比较混乱，村干部侵占农民权益的情况时有发生，造成了农民个人乃至农民集体的频繁上访，成为影响农村社会稳定的重要因素。

据国土资源部信访部门统计，近几年群众反映的问题主要集中在违法批地、非法占地、征地补偿安置费不到位和集体经济组织干部私自卖地等方面（谭峻、涂宁静，2011）。

第四节　农村经营性集体建设用地"三同"流转冲突

农村经营性建设用地"三同"流转后，建设用地供给总量增加，开发商和其他土地使用者的选择余地大幅度扩大，没有必要再拘泥于使用通过征地转化而来的国有土地，因此征地在全部建设用地中的占比将大大下降，由征地导致的官民矛盾也会迅速减少。取而代之的，将是由建设用地流转而诱发的农村干群矛盾增加，并有可能转化为主

---

① 河北发生了3000万元土地补差金分配引百余人冲突，一名六旬老人死亡。河北三河市高楼镇高庙村800余名村民，1000多亩耕地，除每人分配有1.1亩口粮田外，其余的"白地"因人多地少，分配并不均匀。该村2013年出售土地获得3000多万元，为补偿长期无"白地"者，村委会计划给每人7.5万元，而有"白地"村民不再补偿。2013年23日晚7时许，召开村干部、党员、村民代表开会，拟就这一分配方案进行投票表决。数十名已分配有"白地"的村民要求进场旁听，被多名没有或"白地"不足的村民拦在门外，冲突因此而爆发。冲突开始时只是推搡，很快变成扭打，卷入的村民越来越多，会场桌子被掀翻，账本被撕碎，六旬老人死亡。死者家人和多位村民后到镇政府讨说法。后经镇政府领导调解劝说，于下午3时许离去（《河北三河3千万元土地补差金分配引百人冲突》，《新京报》2013年12月25日）。

要农村土地矛盾。

首先，流转决策权矛盾增加。政府征地补偿虽然很低，但有明确标准，对乡村干部来说，通过讨价还价来增加个人收益的"寻租"空间不大。但是，与此不同，在农村建设用地的出让、出租、转让、转租、作价入股、联营和抵押等形式的流转过程中，乡村干部作为农村集体土地所有者代表，可以通过讨价还价决定对方土地流转成本的高低，因此也为自己争取到了巨大的"寻租"空间，为自己与投资者的利益输送创造了条件。作为追求自身利益最大化的经济人，乡村干部很可能在农村建设用地流转的讨价还价中牺牲农村集体经济组织的利益而从中渔利。

其次，与流转决策权矛盾增加相对应，流转收益风险矛盾和流转收益分配矛盾也将增加。

此外，农村土地"非三同"流转时较少出现的干群争地矛盾也将增加。为了尽可能增加农村建设用地流转利益，乡村干部可能利用手中的权力和集体土地所有者代表的身份，抢占农民的承包耕地，尽可能多地将耕地转化为建设用地，侵占农民利益。按照《村民委员会组织法》，村干部有任期，对短期利益的追求强化了村干部与民争地的动机。

第五节　结语

农村经营性建设用地"三同"流转后，征地比重可能下降，由此诱发的政府和农民之间的官民矛盾会减少，取而代之的，将是农村集体建设用地流转增加，流转决策权矛盾、流转收益风险矛盾、流转收益分配矛盾和争地矛盾等农村干群矛盾将迅速上升为主要农村土地矛盾（见表6-1）。也就是说，原有的外在化的官民征地矛盾为主将转为村干部与农民之间的农村内部干群矛盾为主。为增加农村经营性建设用地"三同"流转的政策效益，有必要未雨绸缪，予以足够的重要，制定相关对策。

表6-1　农村经营性建设用地"三同"流转与农村土地流转矛盾转型

	性质	"非三同"流转	"三同"流转	变化趋势
征地补偿标准矛盾	官民矛盾	多	少	减少
流转决策权矛盾	农村干群矛盾	少	多	增加
流转收益风险矛盾	农村干群矛盾	少	多	增加
流转收益分配矛盾	农村干群矛盾	多	多	—
农村干群争地矛盾	农村干群矛盾	少	多	增加

资料来源：笔者自制。

　　对于征地官民矛盾，在很大程度上可以通过立法和行政干预加以化解。与此不同，农村土地流转干群矛盾属于农村内部矛盾。尽管村级自治实行多年，但相对于普通农民而言，乡村干部仍然处于绝对强势的地位，而且在不少地方，家族势力、宗族势力甚至黑社会势力染指其中，很难实现真正的村民自治，普通农民的利益往往难以得到有效保护。虽然农民依据《土地承包法》可以通过法律途径主张自己的权利，但最高人民法院的司法解释明确规定："集体经济组织成员就用于分配的土地补偿费数额提起民事诉讼的，人民法院不予受理。"因此，农村经营性建设用地"三同"流转后，如何监督乡（镇）政府、村委会和村民小组的权力行使成为一个迫切需要研究解决的重要课题（谭峻、涂宁静，2011）。

第七章　征地冲突研究

第一节　引言

村干部作为农村基层党组织和村集体组织代表，介于地方政府、征地机构和村民之间，承上启下，在村集体土地征收过程中具有相当大的权力，涉及拆迁过程的实施、征地补偿标准的确定、征地补偿分配方案的制订及执行等诸方面。如前所述，村支书基本上由上级任命，很多既有政治资源，大都又有家族势力做支撑，对村级事务拥有垄断性的决策权，对征地的顺利进行具有不可小视的影响，在很大程度上支配着征地补偿收益的分配。有的村干部在征地拆迁和补偿分配过程中，不仅违背村级治理的民主原则，而且借助政治、宗族甚至黑社会势力，既欺上瞒下侵占各类本该属于广大村民的补偿款，也收受开发商贿赂，还以各种借口伸手向农民索取贿赂，通过政府、企业和村民三方面获利，征地及拆迁已成为一些地方尤其是经济发达地区和城市郊区的村干部最主要的生财之道。近十多年来，一些村干部利用征地及拆迁通过非法手段获取了巨额征地收益，有的成了巨富"村官"，动辄房产几十套、身家数亿元。① 深圳市龙岗区南联社区"村官"周某，被举报坐拥 20 亿元身家，涉嫌收受贿赂 5000 余万元，其中的相当一部分是拆迁和项目开发中为他人提供便利后得到的"好处

---

① 《七成腐败村官爱发"土地财"，警惕新一轮城镇化中的"小官巨贪"》，《检察日报》2014 年 1 月 7 日（http://fanfu.people.com.cn/n/2014/0107/c64371 –24041931.html）。

费"。① 原本属于郊区的广州市白云区近四年来已有 101 名村干部因贪污腐败"落马"，多数涉及征地拆迁和为"违建"充当"保护伞"。2009—2012 年，江苏省南京市检察院查处的村干部中，超过七成涉及征地拆迁。武汉市青山区白玉山街群力村 6 名村干部在一项征地拆迁还建工程中借机贪污、受贿、侵占、挪用公款共计 600 余万元。②

村干部在征地过程及收益分配中的非规范行为加剧甚至直接诱发了大量矛盾和冲突，成为农村冲突的主要原因。以下在测算伴随着经济发展的征地需求的基础上，分析村干部在征地中的非规范行为和对策。

第二节　经济发展的建设用地需求
——以湖北为例

一　前言

经济发展过程也是城市化过程，不仅伴随着大量农村人口向城市流动，而且将有大量资源由农村用途转向城市用途，土地就是其中之一，本节以湖北为例，说明经济发展对农村土地转用的巨大需求。

伴随着中部崛起战略的提出和实施，湖北将采取更切实的举措促进经济更快增长，随之发生的三个变化将进一步增加对建设用地的需求：

第一，各产业增长速度加快；

第二，随着收入的增加，农民建房将增加；

第三，农村人口城市化速度加快，城市将进一步扩张。本节首先利用统计数据概述 1998—2003 年湖北各行业增加值、农民人均新增住房面积和及城市新增人口和建设用地状况，然后计量推算各行业增长、农民建房以及农村人口城市化对建设用地的实际需求函数，最后

---

① 《检察日报》2014 年 1 月 3 日第 4 版。

② 《七成腐败村官爱发"土地财"，警惕新一轮城镇化中的"小官巨贪"》，《检察日报》2014 年 1 月 7 日（http://fanfu. people. com. cn/n/2014/0107/c64371 -24041931. html）。

预测湖北实施崛起战略后各行业、农民建房以及农村人口城市化的增长水平及其对建设用地的需求，具体思路如下：

第一，利用 1998—2003 年全国省级数据计量分析各行业增长、农民建房以及农村人口城市化对建设用地的实际需求；

第二，假定未来 10 年湖北通过实施崛起战略达到发达省市人均产值水平，据此推算湖北未来 10 年和 20 年内各行业的发展水平；

第三，假定未来 10 年发达省市农民仍以现在的增长速度建房，并假定湖北农民在 10 年内达到发达省市的农民人均住房面积，据此测算未来 10 年和 20 年内湖北农民的建房速度和人均建房面积；

第四，假定未来 10 年内发达省市农村人口仍以现在速度城市化，并假定湖北在 10 年内达到发达省市的城市化水平，据此测算未来 10 年和 20 年内湖北人口城市化速度和水平；

第五，假定湖北在未来 20 年内各行业增长、农民建房和农村人口城市化对建设用地的边际需求倾向不变，根据以上结果，测算未来 20 年各行业增长、农民建房以及人口城市化对建设用地的需求，并汇总求得湖北实施崛起战略对建设用地的总需求。

二　数据来源

本节所用数据出处如下：

建设用地面积出自国土厅提供的印刷物《2005 全国土地利用计划》。国内生产总值：1997—1998 年出自《中国统计年鉴》（1999）；1999 年出自《中国统计年鉴》（2000）；2000—2003 年出自《中国统计年鉴》（2004）。

第一、第二、第三产业国内生产总值：1997 年出自《中国统计年鉴》（1998）；1998 年出自《中国统计年鉴》（1999）；1999 年出自《中国统计年鉴》（2000）；2000 年出自《中国统计年鉴》（2001）；2001 年出自《中国统计年鉴》（2002）；2002 年出自《中国统计年鉴》（2003）；2003 年出自《中国统计年鉴》（2004）。

农林牧渔服业、地质勘查业水利管理业国内生产总值：1997 年出自《中国统计年鉴》（1998）；1998 年出自《中国统计年鉴》（1999）；1999 年出自《中国统计年鉴》（2000）；2000 年出自《中国统计年鉴》（2001）；2001 年出自《中国统计年鉴》（2002）；2002 年出自《中国统计年鉴》（2003）；2003 年出自《中国统计年鉴》（2004）。

交通运输仓储及邮电通信业：1997 年出自《中国统计年鉴》（1998）；1998 年出自《中国统计年鉴》（1999）；1999 年出自《中国统计年鉴》（2000）；2000 年出自《中国统计年鉴》（2001）；2001 年出自《中国统计年鉴》（2002）；2002 年出自《中国统计年鉴》（2003）；2003 年出自《中国统计年鉴》（2004）。

批发零售贸易及餐饮业：1997 年出自《中国统计年鉴》（1998）；1998 年出自《中国统计年鉴》（1999）；1999 年出自《中国统计年鉴》（2000）；2000 年出自《中国统计年鉴》（2001）；2001 年出自《中国统计年鉴》（2002）；2002 年出自《中国统计年鉴》（2003）；2003 年出自《中国统计年鉴》（2004）。

金融、保险业，房地产业，社会服务业，卫生体育和社会福利业，教育、文化艺术及广播电影电视业：1997 年出自《中国统计年鉴》（1998）；1998 年出自《中国统计年鉴》（1999）；1999 年出自《中国统计年鉴》（2000）；2000 年出自《中国统计年鉴》（2001）；2001 年出自《中国统计年鉴》（2002）；2002 年出自《中国统计年鉴》（2003）；2003 年出自《中国统计年鉴》（2004）。

科学研究和综合技术服务事业：1997 年出自《中国统计年鉴》（1998）；1998 年出自《中国统计年鉴》（1999）；1999 年出自《中国统计年鉴》（2000）；2000 年出自《中国统计年鉴》（2001）；2001 年出自《中国统计年鉴》（2002）；2002 年出自《中国统计年鉴》（2003）；2003 年出自《中国统计年鉴》（2004）。

国家机关、政党机关和社会团体：1997 年出自《中国统计年鉴》（1998）；1998 年出自《中国统计年鉴》（1999）；1999 年出自《中国统计年鉴》（2000）；2000 年出自《中国统计年鉴》（2001）；2001 年出自《中国统计年鉴》（2002）；2002 年出自《中国统计年鉴》（2003）；2003 年出自《中国统计年鉴》（2004）。

各地区商品零售物价总指数：1996 年出自《中国统计年鉴》（1997）；1997 年出自《中国统计年鉴》（1998）；1998 年出自《中国统计年鉴》（1999）；1999 年出自《中国统计年鉴》（2000）；2000 年出自《中国统计年鉴》（2001）；2001 年出自《中国统计年鉴》（2002）；2002 年出自《中国统计

年鉴》(2003)；2003 年出自《中国统计年鉴》(2004)。

各地区农村居民家庭年末住房面积：1997 年出自《中国农村统计年鉴》(1998)；1998—1999 年出自《中国农村统计年鉴》(2000)；2000 年出自《中国统计年鉴》(2001)；2001 年出自《中国统计年鉴》(2002)；2002 年出自《中国统计年鉴》(2003)；2003 年出自《中国统计年鉴》(2004)。

城镇人口总数、乡村人口总数出自《中国统计年鉴》(2004)。

2000 年全国人口普查城乡人口数据出自《中国统计年鉴》(2002)。

三 经济增长与湖北建设用地需求：1998—2003 年

表 7 - 1 列出了 1998—2003 年间湖北各行业增加值、农民人均新增住房面积及城市新增人口和建设用地状况。在这一期间，建设用地和国内生产总值增加值、第二产业和第三产业产值（第 2 列、第 3 列和第 4 列）的增幅都在稳步上升。

由于第二产业中的工业和建筑业发展对建设用地的边际需求可能不同，而建筑业和房地产业的发展对建设用地的边际需求可能差别不大，教育业因近年大规模的大学园建设对建设用地的边际需求倾向较高，笔者对第二、第三产业进行了重新分类。第 5 列是第二产业中的工业增加值，在考察期间呈稳定增长态势；第 6 列是第二产业中的建筑业与第三产业中的房地产业增加值的总和，1999 年为负，此后呈稳步增加趋势；教育、文化艺术及广播电影电视业增加值也在稳定增加；不包括房地产和教育、文化艺术及广播电影电视业的其他第三产业增加值（第 8 列）也呈增加趋势。在考察期间，农民人均新增住房面积（第 9 列）先增后降，而城市新增人口数（第 10 列）基本保持不变。

四 经济增长与建设用地需求：利用省级数据的实证分析

（一）模型

本节利用两方式固定效应模型估测经济增长对建设用地的需求：

$$CLAND_{it} = \alpha_0 + \alpha_1 (INDUS_{it} - INDUS_{it-1}) + \alpha_2 (CONSHOUSE_{it} - CONSHOUSE_{it-1}) + \alpha_3 (SERVICE_{it} - SERVICE_{it-1}) + \alpha_4 (EDU_{it} - EDU_{it-1}) + \alpha_5 (URBANP_{it} - URBANP_{it-1}) + \alpha_6 (RURALH_{it} - RURALH_{it-1}) + \alpha_7 T + \alpha_8 MIDDLE + \alpha_9 EAST + \alpha_{10} NORTHEAST + \varepsilon_{it}$$

其中，i 取值 1，2，…，29，表示 29 个省(市、区)；t 取值 1998，

表 7 - 1　　各行业增加值、农民人均新增住房面积及城市新增人口和建设用地：1998—2003 年

变量名称	建设用地（万亩，CLAND）	国内生产总值增加值（亿元）	第二产业增加值（亿元）	第三产业增加值（亿元）	工业增加值（亿元，INDUS）	建筑和房地产业增加值（亿元，CONSHOUSE）	教育、文化艺术及广播电影电视业增加值（亿元，EDU）	其他第三产业增加值（亿元，SERVICE）	农民人均新增住房面积（平方米/人，RURALH）	城市新增人口（万人，URBANP）
	(1)	(2)	(3)	(4)	(5)	(6)	(7)	(8)	(9)	(10)
1998 年	258.17	7456.31	3230.67	3668.03	2458.52	2900.68	312.37	1227.14	0.80	2159
1999 年	296.80	7199.13	3259.11	3734.31	2680.53	-769.57	337.26	4745.20	0.91	2140
2000 年	238.20	10750.74	5595.35	4728.08	4912.92	1212.85	422.82	3774.84	0.59	2158
2001 年	241.70	10332.93	4454.33	5075.92	3706.66	1278.79	545.57	3999.22	0.86	2158
2002 年	289.40	12186.57	7449.19	5433.42	5392.69	1649.35	563.01	4259.95	0.77	2148
2003 年	331.20	18280.19	10000.86	5805.40	9373.91	2461.87	553.02	4435.06	0.75	2164

注：（1）样本不包括西藏和重庆；（2）增加值是本年度与上年度的差额；（3）其他第三产业不包括房地产和教育、文化艺术及广播电影电视业；（4）各产业增加值为 1995 年不变价格值。

1999，…，2003，表示样本年份；T 是时间趋势变量，1998 年取值 1，1999 年取值 2，…，2003 年取值 6，表示经济的集约增长对建设用地需求的影响；$MIDDLE$ 是表示中部的虚拟变量，中部 6 省取值 1，其他取值 0；$EAST$ 是表示东部的虚拟变量，东部 10 省市（北京、天津、上海、江苏、浙江、福建、广东、山东、海南和河北）取值 1，其他取值 0；$NORTHEAST$ 是表示东北的虚拟变量，东北 3 省取值 1，其他取值 0；ε_{it} 为误差项，假定服从状态分布。

（二）计量结果

表 7-2 列出了利用 1998—2003 年 29 个省（市、区）数据运用 White Heteroskedasticity - Consistent Standard Errors & Covariance 最小二乘法对建设用地需求函数的推算结果。除 URBANP 和 MIDDLE 外，其他变量都至少在 10% 统计水平上显著。由于因变量和解释变量都是绝对水平值，因此回归系数表示建设用地的边际需求倾向。表 7-2 表明，工业增加值的建设用地的边际需求倾向为 0.015196，即工业产值增加值再增加 1 亿元，建设用地就增加 151.96 亩。建筑和房地产业增加值的建设用地的边际需求倾向为 0.028112，即建筑和房地产业产值增加值再增加 1 亿元，建设用地就增加 281.12 亩。服务业增加值的建设用地的边际需求倾向为 0.027686，即服务业产值增加值再增加 1 亿元，建设用地将增加 276.86 亩。教育、文化艺术及广播电影电视业增加值的建设用地的边际需求倾向为 0.191256，即教育、文化艺术及广播电影电视业产值增加值再增加 1 亿元，建设用地将增加 1912.56 亩。城市新增人口的建设用地的边际需求倾向为 -0.028827，即如果城市新增人口再增加 1 万人，建设用地可减少 288.27 亩，其原因可能在于与人口城市化带来的城市建房用地增加量相比，因农村建房减少而节省的用地更多。

表 7-2　　建设用地需求函数计量结果（因变量 = CLAND）

解释变量	系数	T 值	显著水平
C	6.447403	4.271578	0.0000
INDUS	0.015196	1.857431	0.0651

续表

解释变量	系数	T 值	显著水平
CONSHOUSE	0.028112	1.928397	0.0555
SERVICE	0.027686	1.803054	0.0732
EDU	0.191256	2.593217	0.0104
URBANP	− 0.028827	− 1.057512	0.2918
RURALH	0.000315	2.208097	0.0286
T	− 1.181222	− 4.383142	0.0000
MIDDLE	− 1.439110	− 1.095962	0.2747
EAST	− 3.456830	− 3.011695	0.0030
NEAST	− 2.936780	− 1.903108	0.0588
R^2	0.611154		
调整的 R^2	0.587298		
F 值	25.61888		

T 的回归系数为 − 1.181222，表示经济的集约增长使对建设用地的需求每年减少 1.18 万亩。地区变量的回归系数均为负，表明与西部相比，在相同的增长水平下，其他地区的建设用地较少。

五　经济增长与湖北建设用地需求：未来预测

（一）1998—2003 年东部 6 个发达省市经济增长速度

将各行业产值的自然对数值对时间趋势变量 T 回归，求得的回归系数即为相应行业的年均增长速度，表 7 − 3 列出了对北京、天津、上海、江苏、浙江和广东 6 个发达省市的推算结果。由表 7 − 3 可知，在 1998—2003 年期间，6 个发达省市的工业年平均增长速度为13.2%，建筑和房地产业为10.1%，教育、文化艺术及广播电影电视业为20.6%，其他服务业为15.2%。同理，农民人均住房面积的年增长速度为2.9%，城市人口的增加速度为4.6%。

（二）湖北各行业增长速度预测

假定未来 10 年内（即 2015 年以前）6 个发达省市仍以 1998—2003 年的速度增长，而湖北各行业人均产值、农民建房面积和城市人口在 2015 年达到 6 个发达省市的水平，据此可以求出湖北各行业增

表7-3　　　　6个发达省市1998—2003年经济增长速度

解释变量	log(INDUS)		log(CONSHOUSE)		log(EDU)		log(SERVICE)		log(RURALH)		log(URBANP)	
	系数	T值	系数	T值	系数	T值	系数	T值	系数	T值	系数	T值
C	6.133716	257.3095	5.461210	34.70676	4.321631	83.19781	6.551517	117.1142	9.024095	272.6718	6.836433	4211.379
T	0.131743	28.10229	0.101061	4.691121	0.205507	16.00363	0.151679	18.07584	0.029322	4.810683	0.046004	144.8308
天津	0.102772	4.072828	-0.652256	-4.986824	-0.876960	-18.54403	-0.572348	-14.42673	-0.370694	-10.55538	-0.396642	-240.5049
上海	1.116376	50.65056	0.599796	4.274874	0.021304#	0.633946	0.508778	9.015961	0.126952	5.127766	0.321164	194.7384
江苏	1.741964	79.97498	1.117187	10.55689	0.389983	13.32639	0.829768	21.36233	2.776307	131.3180	1.057350	641.1264
浙江	1.444747	61.64383	0.397034	3.239465	0.030443#	0.389219	0.562823	13.66080	2.470044	74.31794	0.753333	456.7850
广东	1.860240	92.60900	1.231819	11.41741	0.255426	3.955437	1.034569	24.23787	2.326073	58.55882	1.489250	903.0100
R²	0.997933		0.947003		0.967973		0.989419		0.998467		0.999984	
调整的 R²	0.997506		0.936038		0.961346		0.987230		0.998149		0.999981	
F值	2334.053		86.36699		146.0798		451.9662		3147.272		302466.7	

注：（1）对照地区为北京市；（2）除带#号的外，其他均在1%统计水平显著。（3）推算方法均为White Heteroskedasticity - Consistent Standard Errors & Covariance 最小二乘法。

长速度。

（1）假定 6 个发达省市在未来 10 年内（即 2015 年以前）仍以
1998—2003 年的速度增长，按照表 7 - 3 的年均增长速度可以计算出
各省各产业的发展水平、农民新建住房面积和城市新增人口，在此基
础上可以进一步求得 6 省市各行业的人均产值、农民人均新建住房面
积和城市新增人口，结果见表 7 - 4。①

表 7 - 4　　　未来 10 年 6 个发达省市人均产值、农民人均新建
住房面积和城市新增人口预测

年份	INDUS	CONSHOUSE	EDU	SERVICE	RURALH	URBANP
2004	1.01	0.22	0.08	0.82	36.52	1.13
2005	1.15	0.24	0.10	0.96	37.61	1.18
2006	1.31	0.27	0.12	1.12	38.73	1.24
2007	1.49	0.29	0.15	1.30	39.88	1.30
2008	1.70	0.33	0.18	1.51	41.06	1.36
2009	1.94	0.36	0.22	1.76	42.29	1.42
2010	2.22	0.40	0.27	2.05	43.55	1.49
2011	2.53	0.44	0.34	2.38	44.84	1.56
2012	2.89	0.49	0.41	2.77	46.18	1.63
2013	3.29	0.54	0.51	3.22	47.55	1.71
2014	3.76	0.60	0.62	3.75	48.96	1.79
2015	4.29	0.66	0.76	4.37	50.42	1.88

（2）假定湖北在 2015 年达到 6 个发达省市人均产值、农民人均
新建住房面积②和城市新增人口③水平，据此可以进一步算出 2003—
2015 年湖北的年均增长速度，结果见表 7 - 5。

①　利用的是 2000 年人口普查数据。
②　同上。
③　同上。

表7-5　　　假定湖北于2015年达到发达6省市人均水平各
产业年均增长速度

	INDUS	CONSHOUSE	SERVICE	EDU	RURALH	URBANP
年均增长速度（%）	22.11	18.98	25.19	31.09	3.74	5.40

（3）假定湖北通过实施崛起战略各产业产值、农民新建住房面积和城市新增人口水平均能按表7-5速度增长，未来20年预测值见表7-6A。

（4）假定湖北通过实施崛起战略各产业产值、农民新建住房面积和城市新增人口水平均能按表7-5的速度增长至2015年，此后与6个发达省市的增长速度相同，2016—2025年的预测值见表7-6B（2004—2015年与表7-6A相同）。

表7-6A　　　湖北实施崛起战略各产业产值、农民新建住房
面积和城市新增人口预测

年份	INDUS	CONSHOUSE	SERVICE	EDU	RURALH	URBANP
2004	2871.85	589.62	2223.07	234.74	33.65	2554.90
2005	3506.77	701.54	2783.14	307.72	34.91	2692.86
2006	4282.07	834.71	3484.32	403.38	36.22	2838.27
2007	5228.77	993.16	4362.16	528.78	37.58	2991.54
2008	6384.78	1181.68	5461.15	693.17	38.98	3153.08
2009	7796.36	1405.99	6837.03	908.67	40.44	3323.35
2010	9520.02	1672.89	8559.54	1191.15	41.96	3502.81
2011	11624.75	1990.44	10716.02	1561.46	43.53	3691.96
2012	14194.81	2368.27	13415.79	2046.89	45.16	3891.33
2013	17333.07	2817.83	16795.75	2683.23	46.85	4101.46
2014	21165.16	3352.72	21027.24	3517.40	48.60	4322.94
2015	25844.46	3989.14	26324.81	4610.89	50.42	4556.38
2016	31558.28	4746.38	32957.04	6044.33	52.31	4802.42
2017	38535.35	5647.36	41260.19	7923.41	54.26	5061.76
2018	47054.95	6719.36	51655.21	10386.65	56.29	5335.09

续表

年份	INDUS	CONSHOUSE	SERVICE	EDU	RURALH	URBANP
2019	57458.10	7994.85	64669.15	13615.67	58.40	5623.19
2020	70161.23	9512.47	80961.79	17848.53	60.59	5926.84
2021	85672.83	11318.16	101359.18	23397.31	62.86	6246.89
2022	104613.83	13466.62	126895.45	30671.10	65.21	6584.22
2023	127742.39	16022.90	158865.29	40206.19	67.65	6939.77
2024	155984.34	19064.43	198889.56	52705.56	70.18	7314.51
2025	190470.16	22683.32	248997.49	69090.75	72.81	7709.50

注：假定湖北在2015年内达到发达6省市的人均水平并按此速度增长至2025年。

表7-6B　　湖北实施崛起战略各产业产值、农民新建住房面积和城市新增人口预测

年份	INDUS	CONSHOUSE	SERVICE	EDU	RURALH	URBANP
2016	29249.28	4392.29	30317.73	5558.46	51.90	4765.99
2017	33102.67	4836.18	34916.29	6700.76	53.42	4985.25
2018	37463.72	5324.93	40212.36	8077.82	54.98	5214.59
2019	42399.30	5863.07	46311.73	9737.87	56.60	5454.48
2020	47985.11	6455.60	53336.25	11739.07	58.26	5705.41
2021	54306.81	7108.01	61426.24	14151.53	59.96	5967.88
2022	61461.36	7826.35	70743.31	17059.76	61.72	6242.43
2023	69558.46	8617.29	81473.59	20565.67	63.53	6529.60
2024	78722.30	9488.16	93831.42	24792.05	65.40	6829.99
2025	89093.41	10447.05	108063.67	29886.99	67.31	7144.20

注：假定2015年内达到发达6省市人均水平，此后与发达6省市按相同速度增长至2025年。

湖北各行业产值增加及其对建设用地的需求：

（1）根据表7-6A可以算出各行业产值的增加值，结果为表7-7A的第1—6列。利用表7-2给出的各行业增加值的建设用地边际需求倾向可以计算得出各行业增长对建设用地的需求，结果为表7-7A的第7—12列。表7-7A的第13列是根据表7-2列出的建设用地需求方程得到的建设用地总需求。

（2）同样，根据表 7 - 6B 可以算出各行业产值增加值，结果为表 7 - 7B 的第 1—6 列。利用表 7 - 2 给出的各行业增加值建设用地边际需求倾向可以计算得出各行业增长对建设用地的需求，结果为表 7 - 7B 的第 7—12 列。表 7 - 7B 的第 13 列是根据表 7 - 2 给出的建设用地需求方程得到的对建设用地的总需求。表 7 - 7B 中的 CLAND# 是假定不再增加教育、文化艺术及广播电影电视事业用地而得到的建设用地需求量。由表 7 - 7B 可知，如果不再增加教育、文化艺术及广播电影电视事业用地，未来的建设用地需求可大大下降，到 2025 年可减少 2/3。

六　小结

图 7 - 1 是基于上述研究的湖北实施崛起战略的建设用地需求预测。假定 6 个发达省市在未来 10 年内（即 2015 年以前）仍以 1998—2003 年的速度增长，而湖北各行业人均产值在 2015 年达到 6 个发达省市的水平，2010 年湖北的建设用地将为 119.89 万亩，为 1998—2003 年平均水平 7.61 万亩的 15.75 倍，2015 年将为 421.82 万亩，为 1998—2003 年平均水平的 55.43 倍。此后如果湖北仍以此速度继续增长，2020 年的建设用地需求将为 1465.43 万亩，为 1998—2003 年平均水平的 192.57 倍，2025 年达 5107.38 万亩，为 1998—2003 年平均水平的 671.14 倍。如果 2016 年以后湖北增长速度与发达省市相同，2020 年的建设用地需求为 649.37 万亩，为 1998—2003 年平均水平的 85.33 倍，2025 年将为 1515.90 万亩，为 1998—2003 年平均水平的 199.20 倍。如果控制教育、文化艺术及广播电影电视业，使其处于零增长水平，那么建设用地将大大下降，2010 年为 65.86 万亩，为 1998—2003 年平均水平的 8.65 倍，2015 年为 212.68 万亩，为 1998—2003 年平均水平的 27.95 倍，2020 年为 266.63 万亩，为 1998—2003 年平均水平的 35.04 倍，2025 年为 541.47 万亩，为 1998—2003 年平均水平的 71.15 倍。建设用地需求主要通过征用农业用地得以满足，如此巨大的建设用地需求必然要动用强大的行政资源，而村级组织和村干部在其中发挥着不容忽视的重要作用，很可能从中渔利，诱发征地矛盾和冲突。

表7－7A　湖北各产业产值、农民新建住房面积和城市新增人口对建设用地的需求预测

年份	湖北未来各产业产值、农民新建住房面积和城市新增人口变化预测						湖北未来各产业、农民新建住房面积和城市新增人口的建设用地的需求						建设用地的总需求
	ΔINDUS	ΔCONSHOUSE	ΔSERVICE	ΔEDU	ΔRURALH	ΔURBANP	INDUS	CONSHOUSE	SERVICE	EDU	RURALH	URBANP	CLAND
	(1)	(2)	(3)	(4)	(5)	(6)	(7)	(8)	(9)	(10)	(11)	(12)	(13)
2005	634.92	111.92	560.08	72.98	1.26	137.96	9.65	3.15	15.51	13.96	0.00	-3.98	33.84
2006	775.30	133.17	701.18	95.66	1.31	145.41	11.78	3.74	19.41	18.30	0.00	-4.19	43.42
2007	946.70	158.45	877.84	125.40	1.36	153.27	14.39	4.45	24.30	23.98	0.00	-4.42	55.91
2008	1156.00	188.53	1099.00	164.39	1.41	161.54	17.57	5.30	30.43	31.44	0.00	-4.66	72.09
2009	1411.58	224.31	1375.87	215.49	1.46	170.27	21.45	6.31	38.09	41.21	0.00	-4.91	92.99
2010	1723.66	266.89	1722.51	282.49	1.51	179.46	26.19	7.50	47.69	54.03	0.00	-5.17	119.89
2011	2104.73	317.55	2156.48	370.31	1.57	189.15	31.98	8.93	59.70	70.82	0.00	-5.45	154.46
2012	2570.06	377.83	2699.78	485.43	1.63	199.37	39.05	10.62	74.75	92.84	0.00	-5.75	198.81
2013	3138.26	449.55	3379.95	636.34	1.69	210.13	47.69	12.64	93.58	121.70	0.00	-6.06	255.66
2014	3832.08	534.89	4231.49	834.17	1.75	221.48	58.23	15.04	117.15	159.54	0.00	-6.38	328.51
2015	4679.30	636.43	5297.57	1093.49	1.82	233.44	71.11	17.89	146.67	209.14	0.00	-6.73	421.82
2016	5713.83	757.23	6632.23	1433.44	1.89	246.04	86.83	21.29	183.62	274.15	0.00	-7.09	541.36
2017	6977.07	900.98	8303.15	1879.07	1.96	259.33	106.02	25.33	229.88	359.38	0.00	-7.48	694.53

续表

| 年份 | 湖北未来各产业、农民新建住房面积和城市新增人口变化预测 | | | | | | 湖北未来各产业、农民新建住房面积和城市新增人口的建设用地需求 | | | | | | 建设用地的总需求 |
| | ΔINDUS | ΔCONSHOUSE | ΔSERVICE | ΔEDU | ΔRURALH | ΔURBANP | INDUS | CONSHOUSE | SERVICE | EDU | RURALH | URBANP | CLAND |
	(1)	(2)	(3)	(4)	(5)	(6)	(7)	(8)	(9)	(10)	(11)	(12)	(13)
2018	8519.59	1072.00	10395.03	2463.24	2.03	273.33	129.46	30.14	287.80	471.11	0.00	-7.88	890.83
2019	10403.15	1275.49	13013.93	3229.02	2.11	288.09	158.09	35.86	360.30	617.57	0.00	-8.30	1142.53
2020	12703.13	1517.61	16292.64	4232.86	2.19	303.65	193.04	42.66	451.08	809.56	0.00	-8.75	1465.43
2021	15511.61	1805.69	20397.39	5548.78	2.27	320.05	235.71	50.76	564.72	1061.24	0.00	-9.23	1879.87
2022	18940.99	2148.46	25536.27	7273.80	2.35	337.33	287.83	60.40	707.00	1391.16	0.00	-9.72	2412.13
2023	23128.56	2556.29	31969.84	9535.09	2.44	355.55	351.46	71.86	885.12	1823.64	0.00	-10.25	3096.13
2024	28241.95	3041.53	40024.27	12499.37	2.53	374.75	429.16	85.50	1108.11	2390.58	0.00	-10.80	3975.67
2025	34485.82	3618.89	50107.92	16385.19	2.63	394.98	524.05	101.73	1387.29	3133.77	0.00	-11.39	5107.38
边际需求倾向	0.015196	0.028112	0.027686	0.191256	0.000315	-0.028827							

注：假定湖北在2015年内在达到发达6省市人均水平并按此速度增长至2025年。

$(7) = 0.015196 \times (1)$；$(8) = 0.028112 \times (2)$；$(9) = 0.027686 \times (3)$；$(10) = 0.191256 \times (4)$；$(11) = 0.000315 \times (5)$；$(12) = -0.028827 \times (6)$；$(13) = 6.447403 + (7) + (8) + (9) + (10) + (11) + (12) - 1.181222 \times T - 1.43911 (T = 8, 9, \cdots, 28)$。

表7-7B 湖北实施经济崛起战略各产业产值、农民新建住房面积和城市新增人口及其建设用地预测

	湖北未来各产业产值、农民新建住房面积和城市新增人口变化预测						湖北未来各产业、农民新建住房面积和城市新增人口的建设用地需求						建设用地	总需求
年份	ΔINDUS	ΔCONSHOUSE	ΔSERVICE	ΔEDU	ΔRURALH	ΔURBANP	INDUS	CONSHOUSE	SERVICE	EDU	RURALH	URBANP	CLAND	CLAND#
	(1)	(2)	(3)	(4)	(5)	(6)	(7)	(8)	(9)	(10)	(11)	(12)	(13)	(14)
2005	634.92	111.92	560.08	72.98	1.26	137.96	13.59	3.15	15.51	13.96	0.00	-3.98	33.84	19.88
2006	775.30	133.17	701.18	95.66	1.31	145.41	16.49	3.74	19.41	18.30	0.00	-4.19	43.42	25.12
2007	946.70	158.45	877.84	125.40	1.36	153.27	20.02	4.45	24.30	23.98	0.00	-4.42	55.91	31.92
2008	1156.01	188.53	1099.00	164.39	1.41	161.54	24.31	5.30	30.43	31.44	0.00	-4.66	72.09	40.65
2009	1411.58	224.31	1375.87	215.49	1.46	170.27	29.51	6.31	38.09	41.21	0.00	-4.91	92.99	51.77
2010	1723.66	266.39	1722.51	282.49	1.51	179.46	35.83	7.50	47.69	54.03	0.00	-5.17	119.89	65.86
2011	2104.73	317.55	2156.48	370.31	1.57	189.15	26.78	8.93	59.70	70.82	0.00	-5.45	154.46	83.63
2012	2570.06	377.83	2699.78	485.43	1.63	199.37	30.30	10.62	74.75	92.84	0.00	-5.75	198.81	105.97
2013	3138.26	449.55	3379.95	636.34	1.69	210.13	34.30	12.64	93.58	121.70	0.00	-6.06	255.66	133.96
2014	3832.09	534.89	4231.49	834.17	1.75	221.48	38.81	15.04	117.15	159.54	0.00	-6.38	328.51	168.97
2015	4679.3	636.43	5297.57	1093.49	1.82	233.44	43.93	17.89	146.67	209.14	0.00	-6.73	421.82	212.68
2016	3404.82	403.15	3992.92	947.57	1.48	209.61	49.71	11.33	110.55	181.23	0.00	-6.04	331.37	150.14
2017	3853.39	443.89	4598.56	1142.30	1.52	219.25	56.26	12.48	127.32	218.47	0.00	-6.32	391.89	173.41

续表

| 年份 | 湖北未来各产业产值、农民新建住房面积和城市新增人口变化预测 | | | | | | 湖北未来各产业、农民新建住房面积和城市新增人口的建设用地需求 | | | | | | 建设用地 | 总需求 |
| | ΔINDUS | ΔCONSHOUSE | ΔSERVICE | ΔEDU | ΔRURALH | ΔURBANP | INDUS | CONSHOUSE | SERVICE | EDU | RURALH | URBANP | CLAND | CLAND# |
	(1)	(2)	(3)	(4)	(5)	(6)	(7)	(8)	(9)	(10)	(11)	(12)	(13)	(14)
2018	4361.05	488.75	5296.07	1377.05	1.57	229.34	63.68	13.74	146.63	263.37	0.00	-6.61	463.60	200.23
2019	4935.58	538.14	6099.37	1660.05	1.61	239.89	72.07	15.13	168.87	317.49	0.00	-6.92	548.60	231.10
2020	5585.81	592.53	7024.52	2001.20	1.66	250.93	81.56	16.66	194.48	382.74	0.00	-7.23	649.37	266.63
2021	6321.7	652.41	8089.99	2412.46	1.71	262.47	92.31	18.34	223.98	461.40	0.00	-7.57	768.88	307.48
2022	7154.55	718.34	9317.07	2908.24	1.76	274.55	104.47	20.19	257.95	556.22	0.00	-7.91	910.65	354.43
2023	8097.1	790.94	10730.27	3505.90	1.81	287.18	118.23	22.23	297.08	670.52	0.00	-8.28	1078.90	408.38
2024	9163.84	870.87	12357.83	4226.39	1.86	300.39	133.80	24.48	342.14	808.32	0.00	-8.66	1278.65	470.33
2025	10371.11	958.88	14232.26	5094.94	1.92	314.21	151.43	26.96	394.03	974.44	0.00	-9.06	1515.90	541.47
边际需求倾向	0.015196	0.028112	0.027686	0.191256	0.000315	-0.028827								

注：假定 2015 年内达到发达 6 省市人均水平，此后与发达 6 省市按相同速度增长至 2025 年。

$(7) = 0.015196 \times (1)$；$(8) = 0.028112 \times (2)$；$(9) = 0.027686 \times (3)$；$(10) = 0.191256 \times (4)$；$(11) = 0.000315 \times (5)$；$(12) = -0.028827 \times (6)$；$(13) = 6.447403 \times (7) + (8) + (9) + (10) + (11) + (12) - 1.181222 \times T - 1.43911 (T=8, 9, \cdots, 28)$。$(14) = (13) = 6.447403 \times T - 1.43911 (T=8, 9, \cdots, 28)$。

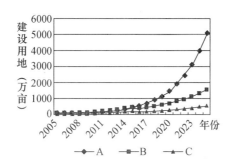

图 7 - 1　湖北实施崛起战略的建设用地需求预测

　　注：A 假定湖北在 2015 年内达到发达 6 省市的人均水平并按此速度增长至 2025 年；B 假定在 2015 年内达到发达 6 省市的人均水平，此后与发达 6 省市按相同的速度增长至 2025 年；C 假定不再增加教育、文化艺术及广播电影电视事业用地而得到的建设用地需求量。

　　当然，本节分析仅是近似的：第一，人口变量采用的是 2000 年普查数据，即假定各地的人口增加率相同，这一假定显然是很严格的。第二，没有考虑道路等建设项目对建设用地需求的影响。

　　如此巨大的持续的建设用地需求中的绝大部分都要通过征用农村土地来得以满足，而在征地过程中，村干部借机牟利，是诱发征地冲突的重要原因。

第三节　农村土地征用法律规定

　　《土地管理法》、《农村土地承包法》和《最高人民法院关于审理涉及农村土地承包纠纷案件适用法律问题的解释》等法规对农村土地征用行为及补偿进行了规范，其中与村干部非规范行为相关的主要是有关征地范围和征地补偿费分配的规定。

一　征地范围规定

　　尽管《宪法》和《土地管理法》均规定国家为了公共利益需要，可以对农民集体所有土地实行征收并给予补偿，但并未对"公共利益需要"范围加以具体明确，也没有对其认定方式和认定程序作出规定。《土地管理法》第四十三条还规定，"任何单位和个人进行建设，需要使用土地的，必须依法申请使用国有土地"，"依法申请使用的国有土地包括国家所有的土地和国家征收的原属于农民集体所有的土地"。由此可见,中国的农村土地征用范围非常宽泛,包括"非公共利益需要"的商业用地在内的几乎所有建设用地需求都必须通过征地得到满足。地方政府为了追求土地收益,具有扩大征地范围的强烈动机(李贵珍等,2006),为了满足商业用地需要,也大量征地,征收权利滥用现象较为严重(李红娟,2014)。

在农村土地征收的过程中,往往需要依靠村干部给村民做说服安抚工作,这为村干部以征地谋私创造了条件,农村土地的过度征收大大增加了村干部的非规范行为。

二 征地补偿费分配办法①

(一)地上附着物和青苗补偿费

1. 分配对象

农村土地被依法征收、征用的,其地上附着物和青苗补偿费的分配对象为其所有者。

(1)所有者是个人的,支付给个人;

(2)所有者是部分农民群体的,支付给部分农民群体;

(3)所有者是农村集体经济组织的,支付给该集体经济组织。

2. 分配原则

支付给农村集体经济组织地上附着物和青苗补偿费属于集体资产,在使用时,必须经该集体经济组织成员的村民会议2/3以上成员或2/3以上村民代表同意,严格用于该集体经济组织的生产项目。

(二)安置补助费

1. 分配对象

(1)依据《农村土地承包法》有关规定,实行家庭承包经营的农村土地被依法征收、征用,被征地农民同意统一安置(含纳入被征地农民社会保障范围,下同)的,安置补助费支付给负责安置的农村集体经济组织或单位;被征地农民以书面形式放弃统一安置的(不含应纳入被征地农民社会保障范围,下同),安置补助费支付给被征地农民。

---

① 这里介绍的征地补偿费分配办法是参考辽宁省有关规定总结归纳的。

（2）已经实行农村土地股份合作制的，其分配对象为该土地股份合作制组织的全体股东。

（3）农村土地没有实行家庭承包经营，仍然实行统一经营的，其分配对象为该集体经济组织全体成员。

（4）征收、征用农村集体经济组织采取其他方式发包的果园等土地，其安置补偿费归该集体经济组织集体所有。

（5）征收、征用集体经济组织的机动地，其安置补助费归该集体经济组织所有，由集体经济组织分配给该集体经济组织具有土地承包经营权的新增人口。

2. 分配原则

（1）实行农村集体经济组织统一安置的，安置补助费由该集体经济组织使用和管理。放弃统一安置的，安置补助费支付给被征地农民的，如果其家庭承包耕地全部被征收、征用的，安置补偿费支付给家庭承包的承包方，且在全部享受安置补偿后，该承包方以后不再获得家庭承包经营的耕地；部分承包地被征收、征用的，家庭承包的承包方享受部分安置补偿费后，不再增加家庭承包方式承包的耕地面积。实行平均分配安置补助费的，在平均调整承包地后，安置补偿费平均支付给该集体经济组织全体成员。

（2）土地承包经营权依法流转的，安置补助费原则上支付给原承包方。

（3）属于其他方式承包或以作价、租赁等形式取得承包权的土地被依法征收、征用的，安置补助费归集体经济组织管理和使用。已经发包且承包方一次性交纳承包费的，要退回剩余期限的承包费。

（4）机动地的安置补助费原则支付给该集体经济组织具有土地承包经营权的新增人口，但其享受补偿数额的土地面积不得超过本集体经济组织成员人均耕地面积。新增人口在获得相当于该集体经济组织人均面积的全额安置补偿费后，今后不再获得家庭承包经营的耕地。机动地安置补偿费如有节余，归该集体经济组织使用和管理。

（5）属于集体经济组织管理和使用的安置补助费，主要用于该集体经济组织的全体成员生产、生活安置，不得用于偿还该集体经济组织债务。

（三）土地补偿费

1. 分配对象

（1）实行统一安置的，土地补偿费归该集体经济组织。放弃统一安置的，安置补助费支付给被征地农民，可以分配的土地补偿费分配对象为被征地农民；实行平均分配的，分配对象为该集体经济组织全体成员。

（2）已经实行农村土地股份合作制的，可以分配的土地补偿费分配对象为该土地股份合作制组织的全体股东。

（3）农村土地没有实行家庭承包经营、仍然实行统一经营的，其分配对象为该集体经济组织的全体成员。

（4）征收、征用集体经济组织采取其他方式承包的果园等土地，可以分配的土地补偿费分配对象为该集体经济组织。

（5）征收、征用集体经济组织的机动地，可以分配的土地补偿费分配对象为该集体经济组织具有土地承包经营权的新增人口。

2. 分配原则

根据被征地农民意愿，放弃统一安置的，集体经济组织要将被征地农民获得安置补助费相对应的不少于80％的土地补偿费支付给分配对象。分配对象为该集体经济组织的全体成员或土地股份合作制组织的全体股东的，可将不少于80％的土地补偿费支付给分配对象。

农村集体经济组织按照规定留存的土地补偿费，纳入公积公益金，严格管理，将不低于90％的土地补偿费用于被征地农民的社会保障支出。

各级政府应引导和鼓励集体经济组织和被征地农民按照有关规定，将土地补偿费用于参加社会保险和被征地农民社会保障。根据《辽宁省被征地农民社会保障条件暂行办法》（辽政办发〔2005〕81号）规定，被征地农民社会保障资金，由政府按照不低于30％的比例，该集体经济组织和被征地农民按照不高于70％的比例，分别从土地出让金、土地补偿费和安置补助费中提取和划拨。

第四节　村干部在农村土地征用中的
非规范行为

一　村干部在征地拆迁中的非规范行为

（一）伪造公文

广东省纪委 2013 年 11—12 月对珠三角、粤东、粤西和粤北 4 个地区就村务公开开展的专项暗访调查发现，有的村干部伪造村民同意征地的文件，非法完成土地交易，还有的无正规批文却征地千亩。①南京市检察院职务犯罪预防局局长林志梅也证实："在征地拆迁过程中，有的村干部甚至拿着空白的合同让村民们签字，回去后再私自填一个数据。"②

（二）独断专行

按照中国现行相关法律规定，国家为了公共利益需要，可以依照法律规定的授权和程序对农民集体所有的土地实行征收或征用，并给予补偿。在征地依法报批前，要将拟征地的用途、位置、补偿标准、安置途径告知被征地农民。但是，广东省清远市清城区某村一小组长未经村民同意，便擅自出卖了 200 多亩农田，自 2005 年起，一意孤行将该组农田与旱地几乎全部卖光。③

（三）明火执仗

2013 年 5 月 25 日晚 10 时 30 分左右，郑州市航空港区大老营村支书张某雇凶数人将该村 63 岁的村民肖某在其借住的村委会房屋内

---

① 《征地补偿成农村多地干群矛盾焦点》，http：//news. ifeng. com/gundong/detail_2014_ 04/05/35504224_ 0. shtml。

② 《七成腐败村官爱发"土地财"，警惕新一轮城镇化中的"小官巨贪"》，《检察日报》2014 年 1 月 7 日（http：//fanfu. people. com. cn/n/2014/0107/c64371 –24041931. html）。

③ 《征地补偿成农村多地干群矛盾焦点》，http：//news. ifeng. com/gundong/detail_2014_ 04/05/35504224_ 0. shtml。

用棍棒打死。① 据介绍，张某负责肖某所在村民小组的拆迁事宜，肖某未经允许在旧屋上加盖房屋，2013 年 4 月被强拆后，肖某成为"钉子户"，多次堵门责骂张某，并到辖区办事处门口烧纸诅咒强拆人员。2013 年 5 月中旬，张某指示另一村干部张某雇凶"教训"肖某。之后，因后者迟迟没有行动，前者又打电话催促。张某于是通过附近村庄村民孟某纠集王某等 5 人，在案发当晚开车赶到大老营村，用木棍殴打肖某。

山东平度凤台街道某村干部与工地承建商勾结，指使他人于 2014 年 3 月 21 日凌晨两点左右点燃了在农田驻守看护的帐篷，导致 4 名守地农民一人死亡、三人不同程度受伤。在这起举世关注的平度"3·21"纵火案中，涉事土地面积约 134.37 亩，其中 100 亩左右是口粮田。被征土地最初说是用于建设，但最后却被房地产开发公司竞得，土地征收也没有履行通知、公告的必要告知程序，村干部也无法提供相关证明。②

因大量土地被偷偷卖掉，所得土地补偿款去向不明，村民没得到分红款，2011 年 9 月 21 日，广东陆丰市东海镇乌坎村男女老少 5000 多名村民到市政府抗议，打砸村委会及多处大型建筑物玻璃，堵塞道路。政府出动了数十部警车，数百名警察和特警，村民与警方爆发大规模冲突，掀翻、砸坏多辆警车，数十名村民受伤住院，造成了巨大影响。③

（四）强买强卖

广东佛山南海区某村虽与村民多次沟通，但在没有征地批文、没有开发项目、没有向村民公开合同、村民认为补偿标准过低因此并不同意流转的情况下，2013 年将 600 余亩农村土地强行或租或卖，并将

① 《郑州村支书雇凶打死钉子户　打人者磕头求原谅》，http：//news. k618. cn/travel/201405/t20140525_ 5253424. html。
② 《征地纠纷和村官腐败折射中国基层民主监督缺失》，http：//news. xinhuanet. com/politics/2014 -03/26/c_ 119961576. htm。
③ 《广东陆丰村官私卖土地 5 千亩引发警民冲突》，http：//www. xici. net/d153620131. htm，2011 年 9 月 23 日。

1000 多万元征地款打入村民账户上，引起村民巨大不满。①

二　村干部在征地补偿分配中的非规范行为

《土地管理法》明确规定，国家征用农村土地的各项补偿费和安置补助费，除被征用土地上属于个人附着物和青苗补偿费直接付给农民本人外，其他各项费用应由被征地单位用于发展生产和安排因土地被征用而造成多余劳动力的就业和不能就业人员的生活补助，不得挪作他用。但事实上，村干部为了侵占征地补偿费，大都没有执行这些规定，主要做法有：

（一）欺上瞒下

10 多年来，广东省中山市火炬开发区宫花村原支书助理张某与原支书郭某，伙同原村财务、出纳马某建立不规范的会计账册，私设个人账户接收土地补偿款，欺上瞒下，不交或少交土地征用补偿款，占为己有。②

2010 年年底，安徽省来安县新安镇某村被征地，村委会王某、副主任刘某和村民小组长杨某合谋截留 34.5 万元征地补偿款。2011 年1 月，杨某以他人名义将 34.5 万元套取出来存入个人账户，后伪造一村民领款条，将其中的 8.2 万元用于 3 人私分，其中杨某分得 3.4 万元，王某和刘某各分得 2.4 万元。2011 年上半年，杨某私自截留 3 万元，并在其他村干部相继被查处的情况下，仍让亲戚提供虚假领款条，将 3 万元占为己有。此外，杨某还先后两次采用虚列村民大额领款条、实则少付的方法，从中截留 1.2 万元占为己有；以虚列给付某村民小组机站上方款的形式，侵吞 1 万元。杨某以贪污罪一审被判处有期徒刑七年，并处没收财产 2.5 万元。③

2011 年 5 月武夷山市兴田镇某村被征地期间，村支书虞某、村主

① 《乡村 600 亩农村土地 1 夜被卖　征地款强行打进村民账户》，http：//news. sina. com. cn/s/2013 - 09 - 02/093828108924. shtml，《南方农村报》2013 年 9 月 2 日。

② 《七成腐败村官爱发"土地财"，警惕新一轮城镇化中的"小官巨贪"》，《检察日报》2014 年 1 月 7 日（http：//fanfu. people. com. cn/n/2014/0107/c64371 -24041931. html）。

③ 《村干部合伙贪污私分村民征地补偿款 34.5 万》，http：//www. jcrb. com/anticorruption/ffyw/201208/t20120815_ 926936. html。

任江某负责征地的协调工作，村委赵某负责丈量土地面积和发放征地补偿款，村干部林某负责现场登记及制作征地补偿发放表。在测量16集体山场时，四位村干部和个别村民串通，将集体山场和未登记权属的土地登记在一些村民名下，再由这些村民和村干部共同分赃。在测量村民吴某的7.788亩茶山时，吴某伙同林某将茶山变更为旱地，骗取因地类变更而多出的18万余元征地补偿款，后两人分赃。经查，江某、赵某、林某和虞某分别贪污36000元、98706.5元、75060元和63646元，吴某等村民贪污金额不等，均已触犯刑法。①

（二）无中生有

因征地补偿程序复杂，所涉及的补偿物的种类、性质差异大，需要各环节相互配合，但往往缺少必要的监督，因此，园区、乡镇、村干部容易形成利益共同体，集体合谋，相互勾结，联手作案，在申报环节虚报面积、虚列名单非法骗取和侵吞征地补偿款。例如，江西省萍乡市湘东区陶瓷工业园园区某村干部与区干部和镇长助理合谋勾结，在征地丈量、签订协议过程中，虚报一块山岭，将原本8.896亩的征地面积虚报为103.896亩，套取征地补偿款90余万元。司法一线的人员还发现，这种行为容易被效仿，蔓延很快，自2006年以来，在陶瓷工业园区连续发生多起，9名相关干部被查处。②

湖北省大冶市殷祖镇某村支书刘某、村财经委员卢某和计生委员徐某借修建大广高速该村被征地之机，伙同镇国土资源管理所职工石某，虚报土地面积8.9717亩，套取土地补偿款18万余元。该村村民、年近七旬的卢甫门，向检察院等部门进行了实名举报，两次被村干部亲属打成轻微伤，有家不敢回。③

①《武夷山四村干部伙同村民贪污征地款被公诉》，http://www.yfw.com.cn/xwdt/mt-bd/201208/t20120824_933274.shtml。

②《三级干部抱团腐败套骗征地补偿款》，http://finance.ifeng.com/a/20140506/12266866_0.shtml。

③《村干部虚报土地面积骗补偿　七旬老汉举报两遭殴》，http://hb.ifeng.com/news/qyxw/detail_2014_04/10/2105238_0.shtml，2014年4月10日，原载荆楚网—楚天时报。

第五节　村干部在农村土地征用中非规范行为的博弈分析框架　①

村干部作为村集体组织代表，本应该维护村集体权益。但是，在征地及其补偿分配中也有着自己的利益追求，会权衡利弊后进行选择。

在征地过程中，一方面，为了顺利完成上级的征地计划和尽可能实现自我政治（职位）和经济利益，村干部往往会与地方政府及土地征用者合谋，遂行征地。另一方面，村干部也要顾及邻里关系和村民可能的反对。其行为是两相权衡和综合博弈的结果。同样，在征地收益分配中，村干部也要充分考虑村民的反应，进行比较权衡。

以下是村干部与地方政府的博弈矩阵：

		村干部			
		合谋 p_1		不合谋 $1-p_1$	
地方政府	合谋 p_2	$V_1 - C_1$	$V_2 - C_1 + W$	$V_1 - C_1$	R
	不合谋 $1-p_2$	V_0	$V_2 - C_1 - S$	$V_0 + R$	$R + W$

其中，V 代表收益，C 代表地方政府合谋的成本及声誉损失，S 代表村干部合谋如被抓获将要受到的惩罚，R 代表声誉收益，W 代表政治奖励或利益，只有当村干部与地方政府的行动策略一致时才会存在这种政治收益。p 为采取合谋策略的发生概率。

在征地补偿的分配中，村干部有违规和不违规两种策略，潜在成本包括"寻租"成本 C_s、信誉损失 C_r 以及被查处而受到的惩罚 C_p，而农户有维权和默许两种策略，潜在成本包括维权成本和被打击报复的成本 C_1，这些成本都与法制环境有关。村干部与农户的博弈关系可以简单地表示为：

---

①　本节的分析由彭旭辉完成。

		村干部			
		违规 p_1		不违规 $1-p_1$	
村民	维权 p_2	V_1-C_1	$V_2-C_s-C_r-C_p$	V_3-C_1	R
	默许 $1-p_2$	V_0	$V_2-C_s-C_r$	V_3	R

其中，V 为采取不同策略下获得的土地分配收益，R 为村干部的信誉收益。

第六节 村干部在征地活动中的非规范 行为与征地补偿改革

村干部对征地的干预是由村级组织定位和运行方式决定的，其对征地收益的侵占则与村务管理制度（如村务公开和群众监督流于形式）不健全密不可分。因此有人从解决村级组织的运行入手提出了改革建议，如主张"政经分离"，细化村庄自治职能，让村官干部回归基层自治和公共服务，村集体经济则引入"职业经理人"管理，避免部分村干部"大权独揽"以及"利用现代信息手段对村务公开细化，比如要按照政务、财务、事务逐项公开，将征地拆迁补偿款等情况都纳入公开的范围"。① 但是，在现有体制下，村级组织事实上是对上负责的，多年的实践表明，要使其真正对下负责是极其困难甚至是不可能的。

解决村干部侵占征地收益的另一个重要途径是改进征地补偿方式，比较有影响的主张有两个：

一个是提高补偿标准，但笔者认为于事无补。

中国现有的征地补偿主要是货币补偿。根据《土地管理法》，征地补偿费主要包括土地补偿费和安置补助费，"两费"总和不得超过

---

① 《七成腐败村官爱发"土地财"，警惕新一轮城镇化中的"小官巨贪"》，《检察日报》2014 年 1 月 7 日（http://fanfu.people.cn/n/2014/0107/c64371 –24041931.html）。

土地被征收前三年平均年产值的 30 倍，国土资源部最近发布的《关于完善征地补偿安置制度的指导意见》还要求从土地收益金中拨出一定比例予以补贴。

耕地被征收前三年平均年产值 30 倍的货币补偿不能保证农民能永远获得和从事农业相当的收入。

第一，按目前存款利率计算（如三年定期存款利率为 3.69%），耕地被征收前三年平均年产值的 30 倍的土地补偿费和安置补助费（湖北平均仅 1.5 万元）扣除利息税后的年利息收入大多远远低于目前从事农业所带来的土地所有权收益和使用权收益。

第二，随着经济发展、农村人口城市化和政府支农措施的强化，农村土地收益将不断上升，正如朱道林（2004）、刘扬林和陈喜红（2006）等指出的那样，过去三年的产值不能代表未来的产值，现有补偿没有考虑土地的预期增值可能。

第三，随着经济发展和资本积累增加，正如亚当·斯密所预测的那样，利率将不断下降。日本战后利率不断下降、目前已接近于 0 的事实正印证了这一点。因此，土地补偿费和安置补助费带来的利息收益也将因此不断下降。

针对货币补偿标准偏低的问题，学术界普遍主张提高补偿标准，并瞄准了土地出让金。但土地出让金补偿即使能够实行也存在着严重的缺陷，难以补偿土地所有权收益和使用权收益：城市土地出让金仅是国有土地出租 50 年或 70 年的租金收入，即使将其全部给农民，也难以补偿农民所拥有的永久土地所有权和使用权。首先，货币补偿费再高，也可能被花光用光，花光后还会出现失地安置问题。其次，农村土地具有增值而存款利率具有下降的趋势。再次，各地土地出让金相差悬殊，如果实行土地出让金补偿，容易引起农民相互攀比，阻挠征地。此外，有的农民可能预期土地出让金还会上涨，因此也不愿意出手。最后，尽管发达国家征地时一般也实行一次性货币补偿，但中国不能简单模仿。在发达国家，土地属于私有，可以自由买卖，农民得到补偿后可以重新购置土地。但中国不同，土地属于农村集体所有，农民一旦失去土地，就再也不能重新获得土地了。①

另一个是改进征地补偿方式的主张是以社保换土地，但也同样不能体现农民作为集体土地所有者的身份和权益，因为社保不具有继承性，社保对象去世后社保自然终止，而村民死后子女等是可以继承使用土地的。

因此，现有一次性货币补偿方式和社保换土地两种政策主张都具有难以克服的弊端，完善征地补偿机制必须另辟蹊径。笔者提出的思路是，将土地出让金归政府所有，由政府逐年对被征地农民进行所有权收益和使用权收益补偿，补偿标准参照各地农业收益而定，并根据其增加情况定期上调，费用由政府财政予以保证。②

与现有征地补偿方法和改进思路相比，所有权收益和使用权收益补偿具有以下优点：

第一，能保证农民的集体土地所有权和使用权都得到足额补偿，享受法律赋予的权利；

第二，补偿费按月发放，可使农民的基本生活得到保障；

第三，这两点能保证失地农民和失地之前具有同样的安全感，因此，不会阻碍征地，乃至可以消除征地纠纷和冲突；

第四，补偿费直接发放到农户，可防止截留和挪用；

第五，财政支出压力小，为政府积累资金进行经济建设创造了条件；

第六，农民去世后子女等农村户籍的直系亲属可以继承，体现了农民对农村集体土地的所有性质。

第七节　结语

村干部在征地过程中的非规范行为和侵占征地收益已成为当前农

---

① 而且，即使提高补偿标准，如果村干部仍然像现在这样大肆侵吞，农民最终能得到的也未必能增加。

② 本观点最早在彭代彦、吴宝新（2007）一文中提出。

村矛盾和冲突的主要原因，引起高层高度重视，打击村干部在征地中的腐败犯罪行为是当前一项极其重要的反腐任务，中央组织部于2014年6月做出了"重拳整治村社区干部涉黑涉恶"的部署①，中央组织部、中央党的群众路线教育实践活动领导小组印发了《关于在第二批党的群众路线教育实践活动中进一步加强基层党组织建设的通知》，要求各级党组织将加强基层党组织建设作为整改落实的重要任务，开展整治村、社区等基层干部违法违纪行为专项行动，特别是要集中力量查处群众反映强烈的涉黑涉恶案件。广州市2014年首开先河，统一上收2014名"村官"护照，对"村官"实施出国审批管理②，将着手整治村干部腐败行为。

---

① http：//news. sina. com. cn/c/2014 – 06 – 29/020930438306. shtml.

② 《七成腐败村官爱发"土地财"，警惕新一轮城镇化中的"小官巨贪"》，《检察日报》2014 年 1 月 7 日（http：//fanfu. people. com. cn/n/2014/0107/c64371 –24041931. html）。

第八章　农村土地承包经营权 登记冲突研究

第一节　引言

农村土地承包经营权确权登记是依据法律规定，由县级以上地方人民政府将农户承包土地的地块、面积和空间位置等信息及其变动情况记载于登记簿、颁发土地承包经营权证等证书，以进一步明确农民对承包土地的各项权益的确权行为。

中国改革从农村土地制度开始，随着经济体制改革的逐渐深入，农村土地制度也在不断改革。在当前形势下，农村土地承包经营权亟待规范和完善。我国 2007 年颁布的《物权法》将农村土地承包经营权明确为用益物权后，如何建立健全相关的登记制度，强化对农户承包经营权益的保护，便成了中央和社会各界关注的重要问题。此后的"中央一号文件"强调建立健全农村土地承包经营权登记制度，要求开展相关的试点工作。例如，2008 年"中央一号文件"提出"加强农村土地承包规范管理，加快建立土地承包经营权登记制度"；2009 年"中央一号文件"要求"稳步开展土地承包经营权登记试点，把承包地块的面积、空间位置和权属证书落实到农户"；2011 年"中央一号文件"强调"扩大农村土地承包经营权登记试点范围，保障必要的工作经费"；2012 年"中央一号文件"进一步强调"稳步扩大农村土地承包经营权登记试点，财政适当补助工作经费"；2013 年"中央一号文件"明确要求"用五年左右的时间基本完成农村土地承包经营权确权登记颁证工作任务"；2014 年"中央一号文件"督促"切实加强组织领导，抓紧抓实农村土地承包经营权确权登记颁证工作"①；
2015 年"中央一号文件"再次强调"重点是抓紧抓实土地承包经营
权确权登记颁证工作，扩大整省推进试点范围，总体上要确地到户"；
2016 年"中央一号文件"规定，要"继续扩大农村承包地确权登记
颁证整省推进试点"。

为落实中央要求，2009 年起，农业部开始组织实施农村土地承包
经营权登记试点工作，并一直在有条不紊地推进。2009 年在全国范围
内选择了 8 个村作为试点单位；2010 年、2011 年和 2012 年在全国范
围内选择了 50 个县作为试点单位；2013 年又选择了 105 个县作为试
点单位；2014 年将安徽、山东和四川 3 个省作为全国农村土地承包经
营权确权登记颁证工作整省推进试点省份；2015 年在原有 3 个省的基
础上，又增加了江苏、江西、湖北、湖南、甘肃、宁夏、吉林、贵州
和河南 9 省（区）在全省范围内试点。截至 2015 年 3 月，全国开展
土地承包经营权登记试点的县有 1988 个，涉及 1.3 万个乡镇、19.5
万个村和 3.3 亿亩承包耕地。

农村土地承包经营权登记颁证试点工作不仅改变了以往农户土地
承包经营权权属不清、地块位置不明的状况，也使农村土地承包纠纷
案件大幅减少，进一步保护了农户土地承包经营权，为农村土地经营
权流转和农村土地金融下乡提供了坚实的产权基础，有利于建立健全
全国土地承包经营权信息应用平台，实现对土地承包合同、登记簿和
权属证书管理的信息化以及对农用土地资源尤其是耕地的有效管理，
具有重要意义。但是，要使这项工作稳扎稳打落到实处，必须要规范
村干部在农村土地承包经营权登记过程中的行为。

---

① 此外，2014 年中共中央办公厅、国务院办公厅还印发了《关于引导农村土地经营
权有序流转发展农业适度规模经营的意见》，要求用五年左右时间基本完成土地承包经营权
确权登记颁证工作，妥善解决农户承包地块面积不准、"四至"不清等问题，明确要将稳定
承包关系、推进确权登记颁证作为引导农村土地经营权流转、发展农业适度规模经营的重
要基础摆在优先位置。

第二节　农村土地承包经营权登记的
法律效力与经济作用

一　农村土地承包经营权登记的法律效力

（一）农村土地承包经营权证书在农村土地纠纷中的证明力

农村土地承包经营权证书是农村土地承包合同生效后国家依法确认承包方享有土地承包经营权的法律凭证。《承包经营权证书》的发放与《宅基地使用证》和《房屋所有权证》证书不同。《宅基地使用证》和《房屋所有权证》只有当申请人申请时才发放，而《承包经营权证书》的发放则是根据《农村土地承包法》的规定政府主动履职的结果，承包人即使不提出申请，但只要承包合同依法成立，即可取得农村集体土地承包经营权，获得《承包经营权证书》。《宅基地使用证》和《房屋所有权证》的发放体现了国家的行政管理职能。如果行政管理机关不批准，申请人则不能取得法律认可的宅基地使用权和房屋所有权。《承包经营权证书》既体现了国家的行政管理职能，更是国家行政权力对平等民事主体民事行为的认可。《农村土地承包经营权证管理办法》第九条规定：《农村土地承包经营权证登记簿》要依据《农村土地承包合同》记载农村土地承包经营权的基本内容。《农村土地承包经营权证》、《农村土地承包合同》和《农村土地承包经营权证登记簿》记载的事项应一致。如果经营权证和承包合同不一致，则经营权证无效。所以，在农村土地纠纷案件中，《农村土地承包经营权证》只是书证一种，会受到人民法院必要的审查。

（二）农村土地承包经营权登记的法律属性

根据《物权法》、《农村土地承包法》和《最高人民法院关于审理涉及农村土地承包纠纷案件适用法律问题的解释》的规定，因取得方式的不同，土地承包经营权可分为依家庭承包方式和其他方式两种方式取得。其中，依家庭承包方式取得的土地承包经营权具有平均分配性和社员性；依其他方式取得的土地承包经营权，其客体往往是"四荒地"，取得方式多为招标、拍卖和公开协商等。《农村土地承包法》和《物权法》对这两类土地承包经营权登记属性进行了区别。

《物权法》第九条规定，不动产物权的设立、变更、转让和消灭，经依法登记，产生法律效力；未经登记，不发生效力，但法律另有规定的除外。《物权法》第十四条规定，不动产物权的设立、变更、转让和消灭，依照法律规定应当登记的，自记载于不动产登记簿时产生效力。由此可见，对于不动产物权的变动，《物权法》原则上规定为登记要件主义。不过，第九条规定，"法律另有规定的除外"，而土地承包经营权的物权变动规定就属于该但书的范围。

对通过家庭承包产生的土地承包经营权，根据《物权法》第一百二十七条第一款及《农村土地承包法》第二十二条关于"承包合同自成立之日起生效，土地承包经营权自承包合同生效时设立"的规定，我国采用非常独特的债权意思主义，即只要合同双方达成一致意思，不动产物权便产生，登记与否不影响土地承包经营权的成立，未登记也不影响其对抗善意第三人的效力。虽然《物权法》第一百二十七条第二款及《农村土地承包法》第二十三条第一款规定了政府在家庭承包中的登记义务，但该登记并不是物权设立的公示方法，对于承包合同的生效和承包经营权的设立均无影响。它仅仅是通过国家公权力的介入对已经存在的土地承包经营权的确认，以便更好地维护农户的合法权益。

对通过招标、拍卖和公开协商等方式承包荒山、荒沟、荒丘和荒滩等农村土地而取得的土地承包经营权，《农村土地承包法》第四十九条规定："经依法登记取得土地承包经营权或者林权证等证书的，其土地承包经营权可以依法采取转让、出租、入股、抵押或者其他方式流转。"可见，这里采取的是登记要件主义。①

二　农村土地承包经营权登记的经济作用

农村土地承包经营权登记颁证试点工作不仅改变了以往农户土地承包经营权权属不清、地块位置不明的状况，也使农村土地承包纠纷案件大幅度减少，进一步保护了农户土地承包经营权。农村土地确权登记固化了农民的权利，为农村土地经营权流转和农村土地金融下乡提供了坚实的产权基础，具有明显的经济作用，具体体现在以下五个方面：

（一）　奠定了农村土地承包经营权抵押融资的产权基础

要实现承包土地经营权的抵押融资，农村土地确权是前提条件。土地产权登记使本无可能的借贷成为可能。因为银行一般不愿意在信贷中预付款项，除非认定担保人的土地权利清晰，并可以作为担保财产，而土地登记制度正好提供了这一保障。在印度一些地区，相对于18%—37.5%利率的无担保贷款，土地登记可以使抵押担保的贷款利率下降到8%—16%。②

我国农民长期面临着贷款难的问题，严重影响了农业的可持续发展。为解决这一难题，2008年，中国人民银行和银监会联合发布公告，允许有条件的地区开办土地承包经营权抵押贷款业务。2010年，中国人民银行、银监会、证监会和保监会联合发出指导意见，要求在全国范围内推进农村金融产品和服务方式创新，探索开展农村土地承

---

①　我国土地承包经营权公示方式不是登记要件主义，其原因有三：第一，在立法之时，只有农民身份的人，且只限于农村集体经济组织的成员才可能成为承包方，而落实到每一个村，农村集体经济组织成员就是村民小组成员。这一组织的范围小，成员之间都互相熟知，因而土地承包经营权在本组织内进行公示即可达到物权公示的目的。第二，承包地数目巨大，地块分散，难以普遍进行登记，如果必须登记，则必然发生登记费用，增加农民负担。第三，当时农村土地流转范围有限，在熟人之间。当前，在搞好农村土地确权、登记、颁证工作和建立健全土地承包经营权流转市场的政策形势下，完善土地承包经营权的公示方式、确立土地承包经营权登记公示制度无疑是大势所趋。需要特别强调的是，土地承包经营权相关制度正在改革当中，2015年3月1日实施的《不动产登记条例》第三十三条第二款规定："不动产统一登记过渡期内，农村土地承包经营权的登记按照国家有关规定执行。"过渡期届满后，土地承包经营权的登记仍要遵循《不动产登记条例》及其实施细则规定。

②　转引自祝国瑞、黄伟《土地登记制度的经济分析》，《中国土地科学》2004年第6期，第11页。

包经营权和宅基地使用权抵押贷款业务。2013 年，银监会就农村金融服务工作发文称，支持在法律关系明确地区探索开展农村土地承包经营权、宅基地、农房等抵（质）押贷款业务。2013 年党的十八届三中全会、2014 年"中央一号文件"均从国家层面明确了农村土地承包经营权的抵押、担保权能，并着手推进相关制度建设和法律修订。2014 年 8 月，中国农业银行率先出台了《农村土地承包经营权抵押贷款管理办法》，将已完成确权颁证的农村土地承包经营权纳入抵押品范围。该办法规定，依法承包的荒山、荒沟、荒丘和荒滩等荒地土地使用权、家庭承包集体土地使用权以及通过转包、出租、互换和转让等流转方式取得的土地经营权均可设定抵押，地上设施也可一并抵押。

全面推进农村土地承包经营权确权颁证为抵押融资奠定了基础，给农民土地承包经营权赋予了更多财产权利。我国有 20 多亿亩耕地，将农村土地承包经营权纳入抵押品范围，有助于盘活农村巨大的土地资源、强化新型农业主体营销和促进农户贷款经营转型。此外，农村土地确权登记还能为银行等机构提供农户的信用信息，为农村金融发展奠定基础。

（二）有利于农户（投资者）克服短期投机行为

改革开放以来，我国各地经常发生发包方任意撕毁农村土地承包合同的事件，使许多农民心里缺乏安全感，总担心承包的土地随时被收回，不愿意进行农业投资。长期以来，因为对投资的未来预期不明确，很多农民进行掠夺式经营，重用轻养，造成的后果触目惊心。目前，我国耕地退化面积占总面积 40% 以上，农村土地污染严重，黄淮海平原高度次生盐渍化，东北黑土地地力衰减，土壤有机质下降迅速，西北地区土壤退化、中南地区红壤贫瘠、酸化以及土壤重金属污染严重，新增耕地质量低下。解决这些问题的关键是要搞好承包土地的确权登记工作，颁发权属证书，强化物权保护，真正让农民吃上"定心丸"。落实农村土地登记将使农民对农村土地投资有稳定的预期，从而敢于在自己的承包地上进行长期投资。这将有利于促进农业生产发展、保障粮食安全和增加农民收入。

确权登记有利于增加农户投资的假说得到了国外学者实证研究的

支持。在哥斯达黎加，土地的权利保障和农户投资呈正相关关系（相关系数为 0.4—0.67）；在巴西的三个州，每公顷登记土地的土地投入远远超过未登记土地或违法用地，有 33% 经过政府土地登记的农户说，因为建立了土地登记制度，他们更多地种植了永久或半永久性的农作物。[①]

（三）有利于促进农村土地经营权流转

农村土地流转交易的一个重要前提条件是出让土地人确实拥有土地权利。土地确权登记不仅可以明确农村土地承包经营权权属，节省对土地权利进行复杂调查的费用，而且还有利于扩大交易范围。当农村土地交易局限于社区成员内部时，由于成员之间彼此熟悉，非正式制度就足以保证卖方土地产权的可靠性与买方如实履行合约。但是，社区内农户之间的土地边际产出差别小，土地交易需求相对有限。当土地交易扩大到社区外部时，正式的产权担保制度就变得非常必要。而农村土地承包经营权登记正好起到了担保作用，土地登记簿上的信息具有"公共品"属性，节省了当事人调查权属信息的精力和费用，使土地承包经营权的流转变得更加快捷便利。同时，当事人追求交易安全的目的亦能够得以实现。没有健全的农村土地确权登记体系，农村土地流转交易可能是昂贵、费时和不确定的。

张娟（2006）研究表明，农村土地承包经营权登记通过使农民获得完整的合法土地产权、增强农民对土地权益的了解和信心、对抗农村集体干预和降低土地交易成本等，为农村土地市场流转创造了条件，她利用江苏南通的统计数据分析发现，农村土地承包经营权发证率越高，农村土地承包经营权流转市场越发达，农户对农村土地产权稳定的信心越高，农村土地交易费用就越低。

（四）有利于预防纠纷或降低化解纠纷的成本

土地承包经营权是物权，登记的目的在于使公众了解物权的设立、变动等情况。一方面，风险信息是明确的，当事人可以据此自动地调适自己的行为以避免纠纷和追求博弈双方最大的合作解。另一方

---

① 转引自祝国瑞、黄伟《土地登记制度的经济分析》，《中国土地科学》2004 年第 6 期，第 12 页。

面，有效运作的土地确权登记体系清晰界定了土地权利和界线，既可以减少争议的发生，也可以降低纠纷的处理费用。

（五）可为国家宏观调控和决策提供依据

追求利润最大化的个人对农村土地的使用配置很容易偏离社会最佳配置点，因此需要政府进行调控，以弥补市场机制的不足，而农村土地承包经营权登记制度将有助于提高土地的利用效率。

农村土地承包经营权确权登记颁证，建立健全全国土地承包经营权信息应用平台，实现对土地承包合同、登记簿和权属证书管理的信息化，也有利于国家实现对农村农用土地资源尤其是耕地的有效管理，提高土地规划、用途管制等方面的政府调控效率。

第三节　农村土地承包经营权登记过程中村干部的非规范行为

目前的农村土地承包经营权确权登记工作，是在坚持二轮土地承包关系和农户实际承包地块不变的基础上，以已经签订的土地承包合同和已经颁发的土地承包经营权证书为依据，通过调查测量，进一步明确农户承包地面积和空间位置，并制作相邻关系平面图。这项工作的开展是对已有农村土地承包工作的规范和完善，不是重新调整原承包关系，更不是重新组织发包农村土地。目前，农村土地承包及其登记颁证工作遇到的权属不明、"四至"不清等农村土地纠纷和冲突，多与作为发包方代表的村干部的违规、违纪乃至违法行为有关。

农村土地家庭联产承包制自 1978 年党的十一届三中全会起开始试行，到 1983 年全国基本完成。1984 年中共中央在《关于 1984 年农村工作的通知》中指出，"土地承包期一般应在十五年以上"；1993 年党中央、国务院在《关于当前农业和农村经济发展的若干政策措施》中正式提出"土地承包期再延长三十年不变"；1998 年党的十五届三中全会通过的《关于农业和农村工作若干重大问题的决定》明确要求"抓紧制定确保农村土地承包关系长期稳定的法律法规，赋予农民长期而有保障的土地使用权"。随后开始的全国农村土地二轮承包中，开始颁发承包证。也就是说，我国推行家庭承包责任制时，合同管理在先，颁发确权证书在后。总的来看，在 2003 年《中华人民共和国农村土地承包经营权证管理办法》颁布前，颁证工作处于无法可依的无序状态，通常的做法是由政府先发放印有政府印章的空白经营权证书，由村委会干部代为填写，许多地方出现了填写不清、少填或不填部分承包田、填写错误的则直接在证书上予以涂改以及对以家庭承包方式和以承包经营权流转方式取得的承包田不作区分等不规范现象，证书填写的随意性很大。

2003 年《农村土地承包法》出台，当时粮食价格飙升，农村土地纠纷出现。2004 年国务院下发《关于妥善解决当前农村土地承包纠纷的紧急通知》，各地重新下发承包经营权证和确权登记表。依据《中华人民共和国农村土地承包经营权证管理办法》第七条的规定，实行家庭承包的，作为发包方的村集体干部应该在土地承包合同生效后 30 个工作日内，将土地承包方案、承包方及承包土地的详细情况、土地承包合同等材料一式两份报乡（镇）人民政府农村经营管理部门初审，初审通过后报县级以上地方人民政府颁发《农村土地承包经营权证》。但在农村第二轮土地承包中，一些地方的村组织根本没有开展承包经营权证换发工作；即使开展了工作的，也存在着少数村干部操作不规范、确权证书和承包合同不符等问题，出现了"有地无证、有证无地、一地多证、一证多地、无地无证"[①] 等现象，土地权属关系十分混乱。

《农村土地承包法》规定，土地承包经营权的获得以承包合同为依据。按照国家的现行法律和政策，所有的农户均应该拿到书面的承包合同和土地权利证书，以确认 30 年承包权利。但是，美国农村发展研究所的调查发现，无论是承包合同还是土地权利证书的实际发放率都仅停留在 50% 左右的水平，而即使发放了土地承包经营权证书的，其中也只有 10% 包含地块"四至"等必要内容。以农村土地改

① 张期望（2013 年 5 月 13 日）：《琼海村支部原副书记：80 元给村民办假土地承包证》，南海网（http://www.hinews.cn/news/system/2013/05/13/015680646.shtml），2016 年 2 月 1 日。

革的摇篮——安徽省为例，赵阳和郭沛（2012）对该省火龙村进行调查所得出的结论是，已经发放到农民手里的证书里面约有80%的信息不完整或不准确。

经过多轮土地承包经营权的变化更迭，我国农村土地承包经营中的新旧矛盾在不断叠加和积累。随着国家一系列强农惠农政策的实施和农村土地经营效益的提高，土地收益越来越大，农民寸土必争，新一轮农村集体土地确权登记工作充分暴露了村干部在以往农村土地承包工作中引起的问题。

第四节　农村土地承包经营权登记纠纷解决途径和村干部的作用

一　农村土地承包经营权登记纠纷的解决途径

农村土地承包经营权登记的核心是确权，目的在于解决承包地面积不准、"四至"不清等问题。推行确权登记颁证工作，不仅会暴露和诱发历史问题，还会带来新的纠纷和矛盾。具体来说，按照解决纠纷的路径不同，这些纠纷和矛盾可分为土地权属争议和农村土地承包争议两大类。

土地权属争议是指单位与单位之间、个人与个人之间或者单位与个人之间，因土地所有权或使用权的归属不清，各自都没有合法有效的权属证照凭证而又主张土地权属所引发的争议。《土地管理法》第十六条规定："土地所有权和使用权争议，当事人协商解决；协商不成的，由人民政府处理。单位之间的争议，由县级以上人民政府处理；个人之间、个人与单位之间的争议，由乡级人民政府或者县级以上人民政府处理。当事人对有关人民政府的处理决定不服的，可以自接到处理决定之日起三十日内，向人民法院起诉。"由此可见，土地权属争议的处理程序是：首先由当事人协商解决；协商不成的，申请人民政府处理；对人民政府的处理决定不服的，可依法向法院提起行政诉讼。这里的土地权属争议由人民政府处理性质上属于行政裁决，但整个裁决过程也是一种确定土地权属的过程，调处决定可以作为土地登记的依据，权属争议调处的结果实际上也就是确定了土地权利的归属，因为土地登记流程从登记申请、地籍调查、审核批准、登记注册到最后发放证书等工作，实际上就是确定土地权属的过程。从这个角度来说，土地登记也可视为行政确权行为。土地确权仅仅存在于土地登记过程中的权属审核阶段，是对土地权属来源合法性的审查和对土地权属性质的确定，必须达到"权属合法、界址清楚、面积准确"的要求才能登记。因此，没有权属来源或权属来源不合法的用地，一律不予登记；权属不清的用地，在权属问题解决前不得登记；对于土地权属争议，要在地籍调查和登记过程中及时解决，一时难以解决的，应当依照《土地权属争议调查处理办法》依法处理，并以处理结果作为登记的依据。

农村土地承包争议指土地承包方与发包方之间在履行承包合同、承包经营权流转或继承等方面发生的民事纠纷。《农村土地承包法》第五十一条规定："因土地承包经营发生争议的，双方当事人可以协商解决，也可以请求村民委员会、乡（镇）人民政府等调解解决。当事人不愿协商、调解或者协商、调解不成的，可以向农村土地承包仲裁机构申请仲裁，也可以直接向人民法院起诉。"该法第五十二条规定："当事人对农村土地承包仲裁机构的仲裁裁决不服的，可以在收到裁决书之日起 30 日内向人民法院起诉。逾期不起诉的，裁决书即发生法律效力。"2005 年 7 月发布的《最高人民法院关于审理涉及农村土地承包纠纷案件适用法律问题的解释》第一条第二款规定，"集体经济组织成员因未实际取得土地承包经营权提起民事诉讼的，人民法院应当告知其向有关行政主管部门申请解决"，这为特殊情况下处理有关农村土地承包纠纷设置了一个行政程序。依此规定，集体经济组织成员因未实际取得土地承包经营权而申请有关行政主管部门解决但有关行政主管部门不予解决或对其解决结果不服而向法院起诉的，法院就应当作为行政案件受理和审理。

从《农村土地承包法》和《土地管理法》等相关规定来看，农村土地承包争议和土地权属争议的主要区别有三：一是性质不同。土地承包争议绝大多数为民事纠纷，体现的是民事法律关系，而土地权属争议大部分属于行政争议，更多地表现为行政法律关系。二是适用法律不同。处理土地承包纠纷要依照《农村土地承包法》、《民事诉讼法》及其司法解释，而处理土地权属争议则应依照《土地管理法》、《行政复议法》、《行政诉讼法》及其司法解释。三是处理程序不同。《土地管理法》对处理土地权属争议明确设置了行政处理程序，不经过调处、复议，当事人不能直接将争议起诉到法院。因此，审判工作应对这两者加以严格区分，以便依法做出正确的裁判。

二　村干部的作用

2003 年颁布的《农村土地承包法》围绕农村土地承包纠纷，提出了调解、仲裁和诉讼的解决机制框架。2005 年最高人民法院发布的《关于审理涉及农村土地承包纠纷案件适用法律问题的解释》，进一步明确了土地承包纠纷中仲裁和诉讼的关系。2010 年颁布的《中华人民共和国农村土地承包经营纠纷调解仲裁法》从仲裁原则、仲裁机构、仲裁程序和仲裁纪律等方面对土地承包经营纠纷调解仲裁做出规定。《土地管理法》和《行政复议法》等对农村土地权属争议规定了行政调处、复议和诉讼的救济渠道。在这些法律法规的指导下，当前农村土地承包经营权登记纠纷的解决已基本形成协商、调解、调处、复议、仲裁和诉讼等多元化方式，村民委员会（村干部）、乡镇、区、县各级政府、农村土地承包经营纠纷仲裁机构、人民法院都是解决农村土地纠纷的责任主体。但不管纠纷在哪个主体主持下解决，均离不开村干部（村民委会）的参与。

首先，从解决农村土地承包经营权登记纠纷的各种方式来看，村干部的工作是其他方式顺利开展的前提。以调解为例，一般先由村干部主持进行，村干部调解不成再由乡镇政府或有关机构调解。而乡镇或有关机构调解的一些基本事实要靠村干部提供。在乡镇调解无效的情况下，当事人可向县政府有关部门或农村土地承包仲裁机构申请仲裁，也可以直接向人民法院起诉。无论是仲裁裁决还是法院判决，都要以当事村干部提供的原始证据或在村干部协助下的现场调查取证为基础。

其次，农村土地登记纠纷中最难解决的问题源于村干部。目前在农村土地承包经营权登记中发生的土地纠纷，主要有外出人员返乡要地、村干部以结构调整为名违法收回承包地以及土地承包和权证发放不规范等多种类型。在这些纠纷中，有关部门对解决村干部侵犯农民农村土地承包经营权的纠纷早已制定相关规定，如国务院办公厅发出了《关于妥善解决当前农村土地承包纠纷的紧急通知》、最高人民法院发布了《关于审理涉及农村土地纠纷案件适用法律问题的解释》等，很多当事人看到明文规定后很快接受了调解，因此这类纠纷较容易解决。最难解决的是土地承包权证发放不规范引起的纠纷。因为界线不清、记载不明和面积不实等承包中的基本问题往往缺乏明确的依据，导致调解、判决和裁决困难。村干部作为我国村级集体土地代表，既是土地承包的发包方，也是农村土地管理工作的具体实施者，界线不清、记载不明和面积不实等承包中的基本问题与村干部的工作不到位密不可分。解决这类纠纷，自然要靠村干部自身，正所谓为"解铃还须系铃人"。因此，在注意发挥各责任主体化解矛盾纠纷的合力的同时，必须重视发挥村委会在解决农村土地承包纠纷中的关键作用。

第五节　结语

我国农村土地制度改革正处于深化阶段，农村土地承包经营权登记制度有利于推动这一改革进程，但还有待于进一步完善。

首先，要重视村干部在确权登记中的基础核心作用。农村土地承包确权颁证虽然有利于保护农民的承包权，但也很容易暴露以前积累下的隐性矛盾，甚至引发一些新的纠纷和冲突。村干部发挥着"上对政府负责，下对村民负责"的桥梁作用。作为国家政策的代言人，村干部是推动土地确权登记工作的主力军，对当前农村土地承包确权登记工作的顺利推进具有决定作用。因此，应建立村干部农村土地确权登记奖惩机制，对那些不积极、不配合甚至渎职的村干部应予严肃惩处，而对那些认真负责的村干部则应给予奖励。

其次，要引入测绘监理机制，确保确权工作的质量。① 农村土地承包经营权登记颁证是一项历史性、基础性的工作，国家投入了巨大的人力、物力和财力，必须确保质量。为此，有必要实行对农村土地承包经营权确权登记全流程的质量控制，真正把每个阶段、每个节点的工作做细做实。在整个确权登记过程中地块的测绘最为关键。为保证本次土地确权地块测量的准确性和真实性，做到图、数、表和实地保持一致，避免今后再花费数倍甚至数十倍的时间、精力和财力来"消除"后遗症，必须重视对测绘过程的监督。

目前，许多试点村组都聘请了测绘公司完成测绘工作。由于测绘公司是自我管理、自我监控的封闭运营模式，而我国组织实施农村土地确权的各级干部，尤其村干部不具备判断和有效监督测绘公司测绘质量的能力，因此有必要引入测绘监理机制。引入测绘监理后，在试点登记单位招标聘请（接受指派）测绘公司时，测绘监理可在技术管理、质量管理、人员技术水平、报价、仪器设备状态和测绘技术设计落实等方面为试点单位把关。测绘任务落实阶段，测绘监理可从质量、进度和成本控制等方面全程跟踪监督，从专业视角如实反映测绘情况，及时发现问题和解决问题，对农村土地承包经营权登记工作的质量起到防患于未然的作用。

最后，要推进农村土地承包经营权登记配套制度改革。目前，我国农村土地承包经营权登记第一轮试点工作刚刚完成，土地确权登记颁证的实际效果尚未发挥，其在土地流转、银行融资等方面的作用还没有体现出来。农村土地承包经营权登记确权是基础，流转是核心，配套是保障。由于农村土地承包经营权在本质上属于物权法中的用益物权，确权登记颁证在本质上属于《物权法》上的物权设立和物权变动，因此农村土地承包经营权确权登记颁证工作应以《物权法》为依

---

① 在一些地方，农村土地承包经营权确权登记存在着工作质量低劣、作业单位亏损严重等突出问题。据农业部测算，完成农村土地承包经营权登记颁证工作的总体成本为30—40元/亩，但由于招标时有意压价和测绘单位之间存在着恶性竞争，许多地方实际中标价格远远低于农业部测算的成本价。为降低成本，中标单位在作业过程中乱象纷呈，如土地测量以室内勾绘代替现场实测，权属调查免去实地指界等（参见章林晓《确权登记不是越快越好》，《农村经营管理》2015年第8期，第28页）。

据，参照《农村土地承包法》和《土地管理法》。为了提高土地承包经营权确权登记颁证工作的效用，对于过时的法条应尽快加以修正，如《物权法》第一百八十四条规定，"下列财产不得抵押：……（二）耕地、宅基地、自留地、自留山等集体所有的土地使用权，但法律规定可以抵押的除外"。这显然已经过时。

第九章　农村土地冲突对农民生活满意度的影响研究

第一节　引言

农村土地冲突是一种有害品，卷入其中的村民和乡村干部不得不耗费时间、精力、体力和费用，降低了福利，破坏了农村邻里和睦与干群关系，严重影响了农村社会的稳定和发展（于建嵘，2005），在一定程度上阻碍着中国从传统社会向现代社会的转型。

国外学者就农村土地冲突对生产影响进行了实证研究。Yamano 和 Deininger（2005）对肯尼亚进行 Tobit 模型分析发现，担心发生冲突和卷入冲突减少了有机肥（可以看成是对土壤结构的短期投资）使用，当卷入冲突时有机肥的使用会减少30%，但对化学肥料的使用没有影响；而 Deininger 和 Castagnini（2006）的 Non – and semi – parametric methods 分析表明，农村土地冲突会导致 5.5%—11% 的产量损失。冲突会导致不和谐、社会群体的分裂、不信任、高成本和环境恶化等（Yasmi et al.，2010），Raleigh（2011）考察冲突对发展中国家移民的规模、方向和种类的影响后发现，冲突地区暴力的持续存在对贫困水平和移民倾向具有重要的影响。

20 世纪90年代起，国内学术界开始关心农村土地冲突问题，对农村土地冲突概念、类型、诱因和化解对策等进行了探讨（谭术魁，2008；江金启、郑风田，2010；梅东海，2007；刘耀彬、万力，2008），但鲜有研究定量考察农村土地冲突的后果。

与农村土地冲突相比，农民遭遇的非农村土地冲突虽然发生频率并不低，在一些地区或许更为普遍，但较少受到经济学者的关注。非农村土地冲突虽然偶发性强，不一定发生在村民与村民之间，但对农民的影响可能更大更持久，同样值得深入研究。

冲突会导致焦虑、恐惧，Wills - Herrera 等（2011）发现，感知到的不安全对主观幸福感具有显著的负面影响。农民卷入冲突会消耗时间，损失金钱，甚至受到身体伤害和名誉、面子损失。如果最终能取得胜利，或许能弥补损失；但如果不能，主观福利水平就可能下降。

本章利用 2006 年 7 月和 2012 年 1 月笔者对湖北和湖南农村调查获得的样本数据，用近 30 年来西方福利经济学中方兴未艾的幸福感研究范式考察农村冲突的主观福利——农民生活满意度的影响。

第二节　计量模型

与美国一般社会普查中的"幸福感"问题相似，笔者设计的生活满意度问题是："总的说来，这些天你对自己的生活是不满意，一般，还是满意？"，受访者的生活满意度（$Lifes_i^*$）是一个潜在的连续变量，无法观察到，我们能够观察到的是受访者回答的 $Lifes_i^*$。当受访者的生活满意度（$Lifes_i$）低于一临界值（C_1）时会感到不满意，高于一临界值（C_2）时感到满意，处于两者之间时感到一般，当回答"不满意"时取值 0、回答"一般"时取值 1，回答"满意"时取值 2。即：

如果 $Lifes_i^* \leqslant C_1$，$Lifes_i = 0$；

如果 $C_1 < Lifes_i^* \leqslant C_2$，$Lifes_i = 1$；

如果 $Lifes_i^* > C_2$，$Lifes_i = 2$。

$Lifes_i$ 是非连续次序变量，在进行回归分析探询其决定因素时应使用 ordered probit model 或 ordered logit model（Van Praag et al.，2003）。本章使用 ordered logit model，具体形式如下：

假定隐蔽变量 $Lifes_i^*$ 是解释变量（或其对数）的线性函数，即：

$$Lifes_i^* = \sum_k \beta_k x_{ik} + \varepsilon_i \qquad (9.1)$$

其中，x_{ik}是第 i 个受访者的第 k 个变量，β_k 为相应的待估系数，ε_i 是随机误差项，假定服从标准逻辑斯蒂克分布（Standard Logistic Distribution），累积分布函数为 $\Lambda(\cdot)$。$Lifes_i$ 取各数值（$j=0$、1 和 2）的概率可表示为：

$$\pi_{i0} = P(Lifes_i = 0 \mid x_i) = \Lambda(C_1 - x_i\beta)$$
$$\pi_{i1} = P(Lifes_i = 1 \mid x_i) = \Lambda(C_2 - x_i\beta) - \Lambda(C_1 - x_i\beta)$$
$$\pi_{i2} = P(Lifes_i = 2 \mid x_i) = 1 - \Lambda(C_2 - x_i\beta) \tag{9.2}$$

其中，累积分布函数 $\Lambda(z) = \dfrac{\exp(z)}{1+\exp(z)}$。

待估参数可通过构造对数似然函数并通过极大似然估计得到。第 k 个变量 x_{ik} 的变化对回答为"满意"（$Lifes=2$）的受访者的影响的边际效应与回归系数的符号一致，而对回答"不满意"（$Lifes=0$）的受访者的影响的边际效应与回归系数的符号相反（详见 Winkelmann and Boes，2006）。

第三节　农村冲突对在家农民生活满意度的影响

2006 年 7 月，问卷调查了湖南省 7 个县市的 109 名农民和湖北省 6 个县市的 131 名农民，遇到了冲突的农民有 16 名，占 6.67%，其中，农村土地冲突和非农村土地冲突各占一半（见表 9－1）。

表 9－1　　　　2006 年样本农民冲突概况

所在村组	农户编号	冲突原因	涉及耕地面积（亩）	冲突对方身份	冲突表现	解决形式	出面解决者
农村土地冲突							
湖南省 H 村 4 组	12	争夺山林所有权	—	农民	口角	调解	乡村干部
湖南省 H4 组	15	争夺山地所有权	0.5	农民	口角	调解	乡村干部
湖南省 M 新乐组	1	想买邻居的宅基地，扩大活动空间，但协商未果	0.5	农民	口角	未解决	无

续表

所在村组	农户编号	冲突原因	涉及耕地面积（亩）	冲突对方身份	冲突表现	解决形式	出面解决者
湖北省 P 村 2 组	13	土地分配	6	农民	口角	调解	乡干部
湖北省 J 村 2 组	1	征地补偿	—	县乡政府	上访	未解决	无
湖北省 J 村 2 组	17	耕种了别人抛荒的土地，不愿意归还	3	农民	口角	调解	村干部
湖北省 J 村 2 组	21	向村民要回抛荒后被集中耕种的农村土地	17	农民	口角	未解决	无
湖北省 H 村 5 组	17	为多分 1 亩地	1	农民	打架	调解（罚款 500 元）	乡村干部
非农村土地冲突							
湖南省 Q 村 2 组	4	争夺灌溉用水		农民	打架	调解	乡村干部
湖南省 W 村 2 组	8	因装车发生矛盾		农民	打架		
湖南省 M 村周西组	13	被拖欠工资，带父母去要回					
湖北省 J 村 2 组	3	争夺灌溉用水		农民	口角	调解	乡村干部
湖北省 G 村 4 组	7	骑自行车与三轮摩托车相撞		不详（不认识）	口角	解决（被赔 300 元）	交警
湖北省 G 村 4 组	15	在娱乐城帮朋友打架，被打伤，住院 1 周多			打架	没解决	
湖北省 G 村 3 组	24	向被熟人讨要欠债 1 万元			口角	调解（约定 3 年后还）	熟人
湖北省 JYAO 村	11	灌溉水被上游农户堵住		农民	口角	解决	村干部

在 8 起农村土地冲突中，有 6 起是争夺土地使用权，1 起是有关

征地补偿，1起是为了获得宅基地；涉及面积 0.5—17 亩不等；冲突对象只有 1 起是县乡政府，其他均为同村农民；冲突方式有 1 起是上访，1 起是打架，其他均为口角。

在 8 起非农村土地冲突中，有 3 起是为了争夺灌溉用水，1 起是为了讨回拖欠工资，1 起是讨要欠债，1 起与交通事故有关，1 起因工作场所矛盾引起，1 起是帮人打架。从冲突方式看，有 3 起是打架，较为剧烈，其他均为口角。

表 9 - 2 回归式（1）是利用 2006 年样本得到的在家农民生活满意度函数的 Ordered Logistic 回归结果，控制变量是被已有研究发现对生活满意度具有显著影响的变量（Frey and Stutzer，2002；Dolan et al.，2008；彭代彦，2011）。结果表明，生活满意度与年龄呈倒 U 形关系，50.2 岁时生活满意度最高；抹牌者生活满意度显著较高；预期收入越高，表明对未来越乐观，报告生活不满意的概率越低，报告生活满意的概率越高；男性兄弟数和干部资源越多，社会资本越雄厚，报告生活不满意的概率越低，报告生活满意的概率越高；对人际关系越满意，报告生活不满意的概率越低，报告生活满意的概率越高；人均非农收入越高，报告生活不满意的概率越低，报告生活满意的概率越高；离最近的水泥路距离越近，报告生活不满意的概率越低，报告生活满意的概率越高；儿子数越多，可能责任负担越重，报告生活不满意的概率越高，报告生活满意的概率越低；人均耕地面积差距越大，报告生活不满意的概率越高，报告生活满意的概率越低；两个冲突变量虽然都为负，但在通常的统计水平均不显著，表明在控制住上述变量的影响之后没有显著的福利影响。

表 9 - 2　　　　　在家农民生活满意度函数 Ordered Logistic
回归结果（2006 年样本）

解释变量	变量定义	回归式（1）			回归式（2）		
		系数	标准误	显著水平	系数	标准误	显著水平
A. 个人特征							
男性	男性 =1，女性 =0	- 0.542	0.433	0.211	- 0.151	0.336	0.653

续表

解释变量	变量定义	回归式（1）			回归式（2）		
		系数	标准误	显著水平	系数	标准误	显著水平
年龄	岁	0.201	0.078	0.010	0.193	0.067	0.004
年龄的平方		−0.002	0.001	0.038	−0.002	0.001	0.010
小学初中文化	小学和初中文化 =1，其他 =0	0.557	0.705	0.430	−0.218	0.640	0.734
高中以上文化	高中及以上文化 =1，其他 =0	−0.052	0.882	0.953	0.037	0.782	0.962
健康状况	健康 =1，其他 =0	0.060	0.582	0.918	−0.162	0.525	0.758
已婚	已婚 =1，其他 =0	0.435	0.670	0.516	0.746	0.599	0.213
抹牌	抹牌 =1，其他 =0	0.614	0.351	0.080	0.498	0.291	0.086
宗教信仰	有 =1，其他 =0	−0.382	0.626	0.542	−0.156	0.530	0.768
创业想法	有 =1，其他 =0	0.441	0.347	0.204	0.091	0.295	0.758
期望耕地面积	亩/人	−0.049	0.272	0.857	0.101	0.093	0.276
预期收入	比今年高 =2，不好说 =1，比今年低 =0	1.108	0.297	0.000	0.879	0.263	0.001
B. 人力资本							
上年全家医疗费用	元	0.002	0.006	0.782			
儿子数	人	−0.493	0.223	0.027			
兄弟数	人	0.342	0.156	0.029			
干部资源	家里有人担任村干部、乡镇干部和其他政府部门干部之一的取值1，之二的取值2，之三的取值3，完全没有的取值0	0.885	0.371	0.017			
人际关系满意度		0.891	0.264	0.001			
C. 农村土地分配							
人均耕地面积	亩/人	0.424	0.326	0.194			

续表

解释变量	变量定义	回归式（1）			回归式（2）		
		系数	标准误	显著水平	系数	标准误	显著水平
人均耕地面积基尼系数的对数		-0.865	0.489	0.077			
D. 非农就业							
人均非农收入	元/人	0.022	0.008	0.009			
人均非农收入基尼系数的对数		-0.405	0.721	0.575			
E. 基础设施							
缺水	缺水=1，不缺=0	-0.067	0.399	0.868			
合作医疗	已实行=1，其他=0	0.572	0.441	0.195			
离最近的水泥路距离	公里	-0.654	0.264	0.013			
F. 冲突							
农村土地冲突	农村土地冲突=1，其他=0	-0.210	0.788	0.790	-1.237	0.695	0.075
非农村土地冲突	非农村土地冲突=1，其他=0	-1.038	0.848	0.221	-1.289	0.672	0.055
G. 地区变量							
湖北	湖北=1，其他=0	-1.398	0.524	0.008	-0.070	0.324	0.829
C_1		9.199	2.286		4.818	1.702	
C_2		11.105	2.326		6.422	1.725	
最大似然比（LR statistic）		83.98		0.000	32.77		0.005
伪（Pseudo）R^2		0.189			0.074		
样本数		231			231		

冲突的发生可能与人力资本、农村土地分配、非农就业和基础设施有关，冲突变量可能与这些变量之间存在着共线性，因此笔者将人力资本、农村土地分配、非农就业和基础设施去掉后进行了再次回归，结果为表9-2的回归式（2），两个冲突变量变得在8%以上统计水平显著为负，表明冲突具有显著的负福利效应。

第四节 农村冲突对农民工生活满意度的影响

2012 年 1 月的调查对象是 148 名春节期间返乡探亲的农民工，分布在湖南省的 6 个县市和湖北省的 6 个县市，两省分别占 90 人和 58 人，在 2011 年共有 16 人遭遇过冲突，只有 1 人是争夺宅基地，其他均是非农业冲突，详见表 9 - 3。

表 9 - 3 　　　　　　　2012 年样本农民工冲突概况

所在村组	农户编号	冲突原因	冲突对方身份	冲突表现	出面解决者
		农村土地冲突			
湖南省 T 村	7	争夺宅基地	农民	口角	乡村干部
		非农村土地冲突			
湖南省 T 村	2	车辆剐蹭打架；与服务员打架	农民、市民	打架	
湖南省 H 村	4	工作纠纷	同事	口角	熟人
湖南省 X 村	3	琐事	村民	口角	
湖北省 L 村	1	打牌时发生纠纷	家人	口角	
湖北省 L 村	2	琐事	村民	口角、打架	
湖北省 L 村	3	琐事	弟媳妇	口角	
湖北省 L 村	4	琐事		口角	
湖北省 L 村	8	琐事	农民	口角	村干部
湖北省 L 村	10	债务冲突			
湖北省 B 村	9	摩托车剐蹭	村民	口角	
湖北省 B 村	10	工作纠纷、酒席上冲突	工友、老乡	口角、打架	科长、房东
湖北省 B 村	3	琐事		口角	
湖北省 X 村	8	工作纠纷	同事	口角	无
湖北省 X 村	9	工作纠纷	同事	口角	无
湖南省 W 村	1	女儿户口事宜	村干部	打架	

表 9 - 4 是利用 2012 年样本得到的农民工生活满意度函数的 Ordered Logistic 回归结果。回归式（1）考察了全部变量对生活满意度的影响，结果表明，女性、高中文化程度、单身被调查者的生活满意度较高[1]；生活满意度与年龄呈倒 U 形关系，52.5 岁生活满意度最高；健康状况越好，农村合作医疗报销率越高，晚上外出安全感越强，农户距水泥公路距离越近，感觉对生活满意的概率越大，对生活表示满意的概率越高。两个冲突变量的回归系数虽然都为负，但只有非农村土地冲突在 4% 统计水平上显著。农村土地冲突在通常的统计水平上不显著，表明遭遇农村土地冲突对被调查者的生活满意度没有显著影响，而遭遇非农村土地冲突显著提高了被调查者报告生活不满意的概率，降低了报告生活满意的概率。

表 9-4　　农民工生活满意度函数 Ordered Logistic 回归结果
（2012 年样本）

		回归式（1）			回归式（2）		
		系数	标准误	显著水平	系数	标准误	显著水平
A. 个人特征变量							
性别	男性 = 1，女性 = 0	-1.055	0.521	0.043	-0.231	0.430	0.592
年龄	岁	0.315	0.187	0.091	0.308	0.143	0.031
年龄的平方		-0.003	0.002	0.192	-0.003	0.002	0.125
健康	不太好 = 1，一般 = 2，健康 = 2	1.465	0.678	0.031	1.553	0.609	0.011
高中文化	高中文化 = 1，其他 = 0	1.235	0.605	0.041	0.727	0.510	0.154
大专以上文化	大专及以上文化 = 1，其他 = 0	-0.709	0.975	0.467	-1.147	0.889	0.197
婚姻	已婚 = 1，其他 = 0	-1.963	0.870	0.024	-1.745	0.743	0.019
宗教信仰	有 = 1，其他 = 0	-0.888	1.009	0.379	-0.401	0.839	0.632
党员	党员 = 1，其他 = 0	1.212	1.161	0.297	1.101	0.953	0.248
抹牌嗜好	抹牌 = 1，其他 = 0	0.223	0.467	0.633	0.031	0.383	0.935

---

[1]　这一结果与大多数已有研究相反，原因可能在于已婚农民工大多将配偶和子女留在了老家，与单身相比，承担的义务更多。

续表

		回归式（1）			回归式（2）		
		系数	标准误	显著水平	系数	标准误	显著水平
B. 职业特征							
老板	老板=1，其他=0	-0.716	0.556	0.198			
其他省份	其他省份=1，其他=0	0.378	0.464	0.415			
年收入的对数	万元	0.369	0.351	0.293			
C. 家庭特征							
儿子数	人	0.655	0.406	0.106			
孙子数	人	0.192	0.829	0.817			
人口数	人	0.089	0.178	0.617			
D. 民生项目							
农村合作医疗报销率	%	0.055	0.026	0.031			
社保	被单位购买了社保=1，其他=0	-0.013	0.509	0.980			
晚上外出安全感	不太安全=0，一般=1，安全=2	0.888	0.308	0.004			
农户距水泥公路的距离	公里	-0.301	0.141	0.033			
子女在城市公立学校就读	就读=1，其他=0	0.043	0.848	0.960			
E. 农村冲突							
农村土地冲突	有=1，其他=0	-1.652	1.798	0.358	-2.034	1.638	0.214
非农村土地冲突	有=1，其他=0	-1.406	0.652	0.031	-1.396	0.579	0.016
湖南		0.195	0.427	0.648	-0.006	0.379	0.988
/cut1		7.596	3.609		6.395	2.727	
/cut2		9.814	3.664		8.248	2.773	
最大似然比（LRstatistic）		70.250		0.000	40.330		0.000
伪（Pseudo）R^2		0.259			0.149		
样本数		148			148		

　　为了避免职业、家庭和民生变量与农村冲突之间可能存在的共线性对农村冲突统计显著性影响，笔者去掉这些变量后对模型进行了重新估计，结果为表 9 - 4 中的回归式（2）。两个冲突变量的回归系数均有所扩大，显著水平也有所提高，但农村土地冲突在通常的统计水平仍然不显著，表明其对生活满意度没有显著影响，而非农村土地冲突具有显著的负的影响。导致这种差异的原因可能是，农村土地冲突的对象多为乡亲，地位相当，虽然耗费了精力，甚至金钱，但挽回了面子；而非农村土地冲突的对象多为市民，地位不对等，尽管耗费了精力，甚至损失了金钱，但也没能挽回面子。

第五节　结语

　　本章将农民分为在家农民和农民工两个亚群体，分析农村冲突的福利影响发现，农村土地冲突和非农村土地冲突显著降低了在家农民的生活满意度，但在控制住人力资本、农村土地分配、非农就业和基础设施的作用之后，这种影响在通常的统计水平不再显著，表明农村冲突的福利影响可以通过调控这些因素加以控制；农村土地冲突对农民工的生活满意度没有显著影响，非农村土地冲突显著降低了农民工的生活满意度，即使在控制住职业、家庭特征和民生工程的影响之后仍然如此，表明非农村土地冲突对农民工福利具有显著的负面影响。

　　本章研究表明，与农村土地冲突相比，非农村土地冲突对农民的福利影响更为显著。一般来说，非农村土地冲突双方地位不对等，农民工较为弱势，卷入冲突往往会降低其生活满意度。因此，应努力改善环境，减少非农村土地冲突的发生，并完善其化解机制，力求公平。

　　当然，本章调查局仅限于纯农业区，没有涵盖城中村和城市近郊，因此几乎不涉及征地冲突。征地冲突是农村土地冲突的主要形式，因涉及利益大，卷入人员多，往往伴随着上访、暴力冲突，甚至群体性事件。如果考虑征地冲突，本章的结论是否仍然成立则有待于进一步研究。

第十章　对策与出路

第一节　引言

本书以上各章考察分析了村干部利用农村集体土地谋取私利、诱发各种农村土地矛盾和冲突现象及其福利后果。事实上，村干部在村级事务中的非规范乃至犯罪行为相当普遍，在退耕还林、移民安置、农田水利建设、电网及饮水改造、村庄整治、扶贫开发和低保救济等其他工作中均存在不同程度的以权谋私现象。在一些经济发达地区，村集体资产雄厚，村支书对土地和厂房的出租拥有支配性的决定权，可享有巨大的"灰色租金"收益，因此村民对村干部职位争夺激烈，村"两委"换届选举时充满了明争暗斗①，村干部的这些逐利行为也引发了大量矛盾和冲突。

尽管国家有关部门多次强调要严惩横行乡里的村霸、乡霸等黑恶势力，但"村霸"新闻却持续不断，表明村干部腐败和黑恶化相当普遍。据 2014 年 7 月 13 日《新京报》报道，河北泊头市寺门村镇侯落鸭村的侯某，被镇干部和村民（包括侯某曾经的同伴）公认为"南霸天"，通过暴力威胁操纵选举，当上村主任，平日专以敲诈勒索为生，其全部生涯几乎是在坐牢、出狱、犯罪再坐牢。当侯某第十次上门敲诈养猪户郑某一家时，被郑某防卫致死，郑某以故意杀人罪被判刑 8 年。2014 年 6 月 10 日，郑某家人拿着村民联名信，向河北省高

---

① 刘守英：《乡村治理是一道绕不过的坎》，《财经》2013 年 12 月 2 日。

院提请申诉，主张郑某为正当防卫。① 96 名村民的联名书上明确指出，侯某主动到郑家寻衅滋事，郑是正当防卫，要求予以释放。②

像侯某这样鱼肉乡里的"村霸"并非个案。③ 被称为"黑老大"的原北京市密云县河南寨镇平头村村主任王某，雇用打手、霸占村道强收过路费，积累涉黑资产达数千万元。广州市白云区村主任冯某组成黑社会性质犯罪团伙，大肆收取保护费、控制赌场放高利贷、插足建筑工程，被广州市出动 700 名特警打掉。④

诱发村干部在农村集体土地管理等村级事务中非规范行为原因是多方面的，减少乃至杜绝以地谋私是一个复杂的系统工程，需要多管齐下，标本兼治，既要完善冲突化解机制，惩处村干部犯罪行为，也要改革农村土地制度、弱化村干部的农村土地分配和管理职能，更要完善和落实村级自治。完善冲突化解机制和惩处村干部犯罪行为只能解决冲突发生之后的燃眉之急，仅是治标；改革农村土地制度、弱化村干部的农村土地分配和管理职能也只会削弱冲突发生的基础，不能治本；只有根本改革村级治理结构、落实村级自治才能防止冲突的发生，才是治本。

第二节　完善冲突化解机制

一　农民实际利用的化解机制

从笔者多年调查情况看，农民实际利用的冲突化解机制主要有四

---

① 《"南霸天"再现　凸显乡村治理危机》，http：//money. 163. com/14/0714/02/A133MNNN00253B0H. html。

② 《评论："村霸"之死凸显乡村治理之伤》，《湖南日报》2014 年 7 月 15 日，http：//www. chinanews. com/fz/2014/07 - 15/6388982. shtml。

③ 一些农民因怕打击报复，甚至不敢公开表达自己的意见。在笔者过去多年的实地调查中，一些正与笔者交谈的农民被家人叫了回去。退休后在汉川市脉望镇 M 村老家定居的原镇政府办公室主任反复强调说："说了没用，得罪人。"很多农民都这样感觉无可奈何，只得明哲保身。

④ 《评论："村霸"之死凸显乡村治理之伤》，《湖南日报》2014 年 7 月 15 日，http：//www. chinanews. com/fz/2014/07 - 15/6388982. shtml。

种：调解、上访、诉讼和媒体监督，但这些化解机制都存在严重缺陷。

（一）调解

调解是农村冲突的重要解决方式，解决了大部分轻微冲突。大量事实表明，除个别冲突由民间人士调解外，乡村干部在农村冲突的调解中发挥了重要的作用。但乡村干部调解农村冲突存在着严重的不足，即只有当调解人与冲突双方没有直接利害关系时才能公正地发挥作用；如果有利害关系，则难以发挥作用，甚至适得其反，导致冲突升级。例如，在第三章第四节湖北省咸宁市的田灌冲突案例中，村干部往往根据和卷入冲突的村民关系的亲疏远近，对于同样的情形，采取完全不同的调解方式：如果种植地势较高农田的农户与他关系更亲近，他就以种植地势较高农田的农户刚施过肥为由，劝说种植地势较低农田的农户等三天再灌溉；相反，如果种植地势较低农田的农户与他的关系更亲近，他就以长期以来的惯常做法为由要求种植地势较高农田的农户予以配合。这样调解不仅难以解决冲突；相反，往往还会激化矛盾，导致冲突升级，甚至诱发村民和村干部之间的矛盾和冲突。

（二）上访

几乎所有的严重冲突都经历过上访程序，但上访在解决农村冲突中的作用十分有限。在笔者曾经调查过的一些严重冲突案例中，当事人的反复上访尽管得到较高层领导的重视和批示，但批示转到基层政府后，大多难以落实。例如，在第三章第三节的湖北省公安县J镇张元新的案件中，当事人曾先后上访到县、市公安局、市人大、市政府、省人大和省公安厅及当时的省委俞正声书记，并得到要求乡镇政府公正处理的批示，但镇政府就是顶着不办。后来记者来调查时，镇党委书记甚至扬言说，大不了追究我们行政不作为。基层干部不及时办理主要原因有两个：一是与冲突一方有直接利益关系，因而进行偏袒；二是没有受到上级政府的真正严格约束，不会因怠慢普通村民而被问责。

（三）诉讼

当经过调解和反复上访仍得不到解决时，农民使用的最后维权手段大多是诉讼，但诉讼在解决农村冲突中的作用也非常有限。其一，打官司程序复杂，农民往往难以胜诉。笔者在调查中了解到，公安县J镇一农民的健康活泼的孩子有一天突然在学校离奇死亡。尽管有证据表明是因老师管护不周所致，学校具有责任，但该农民却不能胜诉。其二，即使胜诉，付出的代价也很大，往往得不偿失。公安县J镇张元新最后总算赢了官司，但他一点也不高兴，因为为此花费了4万多元。他深有感慨地对笔者说："我虽然赢了官司，但输了钱，还是输了。"

（四）媒体监督

公安县J镇张元新曾花1万多元请《西部时报》和《人民日报》记者做现场调查。但记者调查完之后，不是直接将结果公之于媒体，或通过有关渠道向上级反映，而是先发给有关地方官员（如县公安局长）审阅，征得地方官员认可。这样的监督能否公正有效不言自明。

二　农民希望的冲突化解机制

表10-1至表10-3是笔者组织华中科技大学经济学院的9名本科生和研究生于2006年7月对湖北省和湖南省的11个实际发生了农村冲突的行政村中农民对农村冲突化解机制评价的调查结果。

表10-1　　农民希望的农村冲突解决方式（回答总人数＝25）

	自己解决	乡村干部	上访	告状	新闻媒体	黑社会组织
频次	14	13	1	6	1	1
百分比（%）	56.0	52.0	4.0	24.0	4.0	4.0

注：问题是"冲突发生时准备找谁解决？"可以复数回答。表10-2和表10-3与表10-1相同。

资料来源：笔者2006年调查数据。

表10-2　　冲突解决过程中最在乎什么（回答总人数＝26）

	结果的公正性	费用	时间	结果的权威性	其他
频次	17	11	4	3	1
百分比（%）	65.4	42.3	15.4	11.5	3.8

资料来源：笔者2006年调查数据。

表 10 - 3　　　　　　　　　冲突解决的满意度评价

	频次			百分比（%）			
	满意	不满意	不好说	满意	不满意	不好说	回答总数
花费	9	5	11	36.0	20.0	44.0	25
花时	6	10	8	25.0	41.7	33.3	24
兑现程度	8	6	10	33.3	25.0	41.7	24
公正性	7	5	12	29.2	20.8	50.0	24
总评价	7	9	10	26.9	34.6	38.5	26

资料来源：笔者 2006 年调查数据。

由表 10 - 1 可知，冲突发生后，农民最希望的是自己解决，其次是希望乡村干部出面解决和诉讼，也有个别人希望通过上访、找新闻媒体和黑社会组织解决。

表 10 - 2 表明，在冲突解决过程中，农民最在乎结果的公正性，其次是费用、所花费的时间和结果的权威性。但表 10 - 3 显示，农民对花费、花时、兑现程度和公正性满意的仅占 25.0%—36.0%，不满意的占 20.0%—41.7%，表示不好说的占 33.3%—50.0%。总的来看，满意的仅占 26.9%，不满意的占 34.6%，表示不好说的占 38.5%。

三　农村土地冲突化解机制的完善

综上所述，调解、上访、诉讼和媒体监督等现有冲突化解机制都不能完全有效地、公正地解决农村土地冲突。现有农村冲突化解机制的低效率与行政体制的低效率息息相关。因此，要提高现有冲突化解机制的效率，必须改善基层政府及官员的工作作风，贯彻执政为民的思想，并强化对基层政府官员的权力约束，使其对农民负责，而这又取决于中国民主化的总体进程。

当前，比较可行的是改进冲突调解相关职能部门的服务质量，提高农民对农村土地冲突化解的满意度（彭代彦，2011）。为此，有必要建立透明、公正、高效和优质的服务体系。透明是指通过政府公报、网站和媒体等形式定期公布相关的法律、法规、政策、办事程序、公众需求和办理情况等；公正是指依章办事，一视同仁；高效是指各部门之间衔接良好，办事程序简化，能在规定的时间内办结；优质是指根据农民的意愿和偏好提供服务①，让当事人受到应有的尊重，感到身心愉悦。

透明、公正、高效和优质的冲突调解服务体系仅靠政府内部监督和上级评价是难以建成的，最近一些地方大张旗鼓地推行了治庸新政，但收效有限，足以说明这一点。

建设透明、公正、高效和优质的冲突调解服务体系的关键在于制度化，必须让农民从外部参与监督，从时效、便利、成本和公正等方面进行日常化的冲突调解服务满意度评价，并将这一评价结果纳入官员业绩考核评价指标体系。

为了促进各地区各部门提高冲突调解服务质量，可以开展冲突调解服务满意度比较和排名。这种比较和排名是有意义的，因为不论何地，农民对冲突调解服务需求大致相同，对冲突调解服务的满意度评价大致反映了冲突调解服务的质量。

令人欣慰的是，类似的公共服务满意度正受到研究机构和政府部门越来越多的关注和重视。中国社会科学院马克思主义研究院最近发表了《公共服务蓝皮书》②，公布了基于该院与华图集团对全国38个直辖市、省会城市、经济特区和计划单列市19000多份调查问卷的基本公共服务满意度评价排名结果。2002年中央提出的建设公共服务型政府③也得到一些地方政府响应，浙江省拟率先将公众满意度纳入干

① 弗雷和斯图策（Frey and Stutzer, 2010）甚至认为，幸福感研究的目的应该促进公共决策过程的改进，使个人得以表达自己的偏好，我国学者也提出了公共服务的"回应性"概念，即政府在制定和执行公共政策时，要回应其他政治组织如各级人民代表大会、政协、执政党和下级政府的要求和期望，通过信访制度、听证会制度、传媒和市长信箱等渠道实行政务和信息公开，及时纠正偏离公民意愿和利益的政府行为（参见《专家谈论公共服务型政府建设：问题与对策》，http://www.gjgwy.org/html/ArticleShow/2008612/5567.htm, 2008年6月12日）。

② 《中国城市基本公共服务满意度排行出炉青岛居首》，《新京报》2011年7月17日，参见 http://news.cn.yahoo.com/ypen/20110718/473772.html。

③ 有学者将"公共服务型政府"界定为按照公众的意愿和偏好提供公共物品和服务、回应公民和社会的需要的、依法、有效、透明、负责和公正的政府，其根本目标是公众满意（参见《专家谈论公共服务型政府建设：问题与对策》，http://www.gjgwy.org/html/ArticleShow/2008612/5567.htm, 2008年6月12日）。

部任用以及市县、党政部门、国有企业和高校领导班子的考评体系之中，并赋予20%的权重。①

第三节 惩处村干部违法犯罪行为

村民委员会是村民自我管理、自我服务的基层性自治组织，不是国家机关，但村干部要受乡镇政府委托协助开展工作、执行政府指令、组织村民完成国家行政任务和行使一定的行政管理职能，以权谋私涉嫌犯罪的要依法惩处。

2000年公布的《全国人民代表大会常务委员会关于〈中华人民共和国刑法〉第九十三条第二款的解释》对村民委员会成员和村党支部成员利用职务之便，非法占有公共财物、挪用公款或者收受贿赂的定罪处罚做了明确规定。依据该《解释》，村"两委"成员协助人民政府从事下列行政管理工作时，属于《刑法》第九十三条第二款规定的"其他依照法律从事公务的人员"，利用职务便利非法占有公共财物、挪用公款、索取他人财物或者非法收受他人财物构成犯罪的，适用刑法关于国家工作人员犯罪的处罚规定，涉嫌职务犯罪的罪名有贪污罪、挪用公款罪和受贿罪，即适用《刑法》第三百八十二条和第三百八十三条贪污罪、第三百八十四条挪用公款罪、第三百八十五条和第三百八十六条受贿罪的规定。村干部可能发生职务犯罪的公务活动有：（1）救灾、抢险、防汛、优抚、移民、救济款物的管理和发放；（2）社会捐助公益事业款物的管理和发放；（3）土地的经营、管理和宅基地的管理；（4）土地征用补偿费用的管理和发放；（5）代征、代缴税款；（6）有关计划生育、户籍、征兵工作；（7）协助人民政府从事的其他行政管理工作，因为这些活动是协助政府从事的行政管理工作，体现了国家对社会的组织和管理职能，有关村干部此时应以国家工作人员论处。

---

① 《浙江：公众满意度首度列入市县党政领导考评》，http://news.xinhuanet.com/local/2011-07/26/c_121720898.htm。

以征地补偿为例，村干部贪污、挪用公款和受贿犯罪的侵犯对象相同，均是征地补偿款，因此，对征地补偿款的正确认定事关村干部职务犯罪的准确定性问题。

农村集体土地包括村公共土地和农民个人承包土地两部分，其中村公共土地除了可耕种土地还包括沟、塘、路、坝等未承包给农民个人的土地。《土地管理法》第十条规定，"农民集体所有的土地依法属于村民集体所有的，由村集体经济组织或者村民委员会经营、管理"。

《土地管理法实施条例》第二十六条第一款规定："土地补偿费归农村集体经济组织所有；地上附着物及青苗补偿费归地上附着物及青苗的所有者所有。"因此，土地征用补偿费用是政府对农村集体所有的土地转为国家所有的利益补偿，一旦农村集体被征用的损失依法得到补偿，土地所有权即发生转移，政府对土地征用补偿费进行管理的一系列活动即告完成。

《全国人民代表大会常务委员会关于〈中华人民共和国刑法〉第九十三条第二款的解释》第四项所列的协助人民政府从事"土地征收、征用补偿费用的管理"的公务，应当限于村干部协助政府核准、测算以及向因土地征用受损方发放补偿费用环节。一旦补偿到位，来源于政府的补偿费用就转变为因出让集体土地所有权和个人土地使用权而获得的集体财产和个人财产，村干部协助政府管理土地征用补偿费用的公务职责也就到此为止。之后对该款项的处理属于村民自治事务和个人财产处置，即村务而非公务。例如，补偿高速路占用某村公用地和便道的补偿款，受让方是村，村干部要进行协助核准、测算，该款打入村集体组织账号后，该征地即已补偿到位。至于该款入账后如何处理，是作为集体财产由村委会安排使用还是在全体村民中进行分配，属于村民自治的范围，不再属于《全国人民代表大会常务委员会关于〈中华人民共和国刑法〉第九十三条第二款的解释》中的公款，而是属于村民集体所有的财产。

村干部对这笔款项的处理也不再属于协助人民政府从事行政管理工作，而是《村民委员会组织法》第八条规定的管理本村属于村民集体所有的财产的行为。可见，因土地征用补偿费用管理行为所处的阶段不同，补偿款的性质也不同，应以"土地征用补偿费用"由政府向村委会或村民发放为界，在此之前"村组干部"的管理活动属于协助人民政府进行行政管理的公务，非法占有、挪用可能构成贪污罪、挪用公款罪；当"土地征用补偿费用"被依法发放村组后，则成为村组的集体财产，其从事的活动属于村务，非法占有、挪用可能触犯的罪名是职务侵占罪、挪用资金罪。

对此，2000 年发出的《最高人民检察院关于贯彻执行全国人民代表大会常务委员会关于〈中华人民共和国刑法〉第九十三条第二款的解释的通知》做了明确规定，各级检察机关在依法查处村民委员会等村"两委"人员贪污、受贿、挪用公款犯罪案件过程中，要根据《全国人民代表大会常务委员会关于〈中华人民共和国刑法〉第九十三条第二款的解释》和其他有关法律的规定，严格把握界限，准确认定村民委员会等村基层组织人员的职务活动是否属于协助人民政府从事《全国人民代表大会常务委员会关于〈中华人民共和国刑法〉第九十三条第二款的解释》所规定的行政管理工作，并正确把握《刑法》第三百八十二条、第三百八十三条贪污罪、第三百八十四条挪用公款罪和第三百八十五条、第三百八十六条受贿罪的构成要件。村"两委"成员从事属于村民自治范围的经营、管理活动的，不能适用《全国人民代表大会常务委员会关于〈中华人民共和国刑法〉第九十三条第二款的解释》的规定。

村干部利用职务便利，非法占有村集体财物，挪用村集体款项，构成犯罪的，适用《刑法》第二百七十一条、第二百七十二条的职务侵占罪、挪用资金罪。

贪污罪与职务侵占罪在构成要件上的主要区别是侵占的财产性法益不同。贪污罪侵害的财产性法益是公共财产所有权，而职务侵占罪侵害的只能是单位集体财产权，即如果村干部在协助政府管理土地征用补偿费用过程中，采用虚报冒领的手段，套取超额土地补偿费用的，构成贪污罪；而如果村干部在土地征用补偿费用补偿到位后，没有利用公务便利，侵吞的只是属于村民集体所有的财产，则只能构成职务侵占罪。

挪用公款罪是指国家工作人员利用职务上的便利，挪用公款归个人使用，进行非法活动，或者挪用公款数额较大、进行营利活动，或者挪用公款数额较大、超过三个月未还的行为。挪用资金罪是指公司、企业或者其他单位工作人员，利用职务上的便利，挪用本单位资金归个人使用或者借贷给他人，数额较大、超过三个月未还，或者虽未超过三个月，但数额较大、进行营利活动，或者进行非法活动的行为。挪用公款罪与挪用资金罪主要区别有二：

一是犯罪主体不同。挪用公款罪的主体为特殊主体，是国家机关工作人员或其他依照法律从事公务的人员，即国家工作人员。《刑法》第九十三条规定的国家工作人员包括国有公司、企业、事业单位、人民团体中从事公务的人员和国家机关、国有公司、企业、事业单位委派到非国有公司、企业、事业单位、社会团体从事公务的人员，以及其他依照法律从事公务的人员，以国家工作人员论，如村委会人员协助政府管理时视为国家工作人员。而挪用资金罪的主体是非国有公司、企业或其他单位中不具有国家工作人员身份的人员。

二是犯罪对象和侵害的客体不同。挪用公款罪的犯罪对象是公共款项，侵害的客体是公共财产所有权，违反的是国家财经管理制度；而挪用资金罪的犯罪对象是非国有单位的资金，侵害的客体是非国有单位的财产所有权。

贪污罪与挪用公款罪的主要区别有三：

第一，犯罪对象的范围不同。贪污罪侵犯的对象包括公款和公物，挪用公款罪侵犯的对象一般仅限于公款。

第二，主体范围不同。挪用公款罪的主体限于国家工作人员，贪污罪的主体除了国家工作人员外，还包括受国有单位委托管理、经营国有财产的受委托人员。

第三，犯罪目的不同。挪用公款罪的目的是挪用，以归还为前提。本意是使用一段后归还，而非永久占有。贪污罪是以永久性非法占有为目的的，行为人非法控制公共财物后，希望最终转移公共财物的所有权，使所有权的真正享有者永久性地丧失行使所有权的占有、使用、收益和处分等权能。

需要指出的是，挪用公款罪在一定条件下可以转化为贪污罪。根据 2003 年《全国法院审理经济犯罪案件工作座谈会纪要》精神，挪用公款是否转化为贪污，应当按照主客观一致原则，具体判断和认定行为人主观上是否具有非法占有公款的目的，在司法实践中，具有以下情形之一的，可以认定行为人具有非法占有公款的目的：

（1）根据《最高人民法院关于审理挪用公款案件具体应用法律若干问题的解释》第六条的规定，行为人"携带挪用的公款潜逃的"，对其携带挪用的公款部分，以贪污罪定罪处罚。

（2）行为人挪用公款后采取虚假发票平账、销毁有关账目等手段，使所挪用的公款已难以在单位财务账目上反映出来，且没有归还行为的，应当以贪污罪定罪处罚。

（3）行为人截取单位收入不入账，非法占有，使所占有的公款难以在单位财务账目上反映出来，且没有归还行为的，应当以贪污罪定罪处罚。

（4）有证据证明行为人有能力归还所挪用的公款而拒不归还，并隐瞒挪用的公款去向的，应当以贪污罪定罪处罚。

再次，还应注意的是，在管辖方面，贪污罪、挪用公款罪和受贿罪由人民检察院负责立案侦查，而职务侵占罪和挪用资金罪由公安机关立案侦查。

第四节　改革农村土地制度

村级组织是村党支部、村民委员会和村集体经济组织三位一体，而农村土地集体所有是村集体经济组织的基础，也为村干部以地谋私提供了可能，完善农村土地所有制，有利于从源头防范村干部以地谋私。

农村土地集体所有、承包使用制度不仅为村干部以权谋私提供了可能，而且绩效很差，没能实现这一制度设计的初始目标。农村税费改革后，农村土地制度的目标更加难以实现，进一步降低了农村土地制度的绩效。

农村土地承包使用制度设计的第一个目标是通过保证农民都拥有土地使用权，防止农民绝对贫困。其逻辑是：只要有土地，农民就有饭吃，就不会饿肚子。作为这一功能的延伸，这一制度还被期望对流入城市的农村劳动力发挥蓄水池作用，这些农民如在城市待不下去，可返乡种田。但实践表明，农村土地承包使用制度不能保证农民都有地可种，从而防止农民的绝对贫困，制度设计的这一目标难以达到。

首先，尽管在一段时间内放弃了土地使用权的离乡农民返乡后一般都可以再获得一定数量土地的使用权，但大多不是以其作为集体成员的身份通过村级组织（村组干部）的安排和协调获得的，而是按照习俗在村民间私下调剂得到的。

其次，种田之所以可以维持生活，是因为农产品（主要是粮食）与农业生产资料（主要是化肥）的相对价格较高。如果粮价降低，化肥价格上升，致使二者的相对价格过低，那么，种田就很可能难以保证农民的基本生活。一些地方时常出现的、一些种植经济作物的农民因农产品与农业生产资料的相对价格太低而陷入贫困的事实即是明证。

此外，在目前的农村治理体制下，土地的处分权及其收益权并不都在农民手中，农民并不能因其集体土地所有者之一的身份得到基本生活保障。在一些城市近郊地区，责任田被卖掉的农民并没有得到足够的补偿，因而陷入了贫困。因此，农村土地的承包使用制度不是保证农民基本生活的充分条件。

最后，许多进城时间较长的农民放弃（或许是永远失去）了土地的使用权，也就是说，农村土地的承包使用制度也不是保证农民基本生活的必要条件，赋予土地制度这一目标并无必要。

取消农业税之后，土地的基本生活保障功能将进一步削弱，农村土地承包使用制度的这一目标将更加难以实现。其理由有二：

第一，由于种田收益增加，种田农民将更加不愿放弃土地，离乡农民返乡后将愈加难以通过在村民之间进行土地调整来重新获得土地的使用权。

第二，为弥补取消农业税后村集体收入的下降，村组干部可能进一步争夺、侵占土地，并尽可能将其中的一部分出卖和出租，减少农民的可耕种土地。

农村土地承包使用制度设计的第二个目标是在土地集体所有制和"宜统则统、宜分则分"的原则下，村级组织通过统一经营，克服小规模农户分散经营的不足，从而完善双层经营体制。为此，大多数村级组织都留有一块机动田，没有承包给农户，其处置权掌握在村干部手里。但这些机动田并没有发挥其应有的作用，如前所述，其带来的收入大多落入了村支书等村干部及乡镇干部的腰包，家庭联产承包责任制实行以来，在农户分散经营的基础上实行了集体统一经营的乡村实属凤毛麟角。

取消农业税后，由于村级组织收入下降，村干部一方面将更加趋于将村集体所有土地带来的收入占为己有，另一方面将更加缺乏为村民服务的动力。其结果是，村级组织将更加不可能通过统一经营集体所有的土地发挥其被赋予的为农户分散经营服务的功能，使农村土地承包使用制度设计的这一目标更加难以实现。

笔者认为，既然村级组织付出了巨大的代价仍然不能通过统一经营有效克服农户分散经营的不足，就没有必要拘泥于这一制度，而应另求他策。一些地方的经验表明，农民自发形成的合作经济组织能较好地发挥这一功能，而且这是一种几乎没有社会成本的制度安排。

农村土地承包使用制度设计的第三个目标是促进土地的流动和规模经营。其理论依据是，与土地私有制相比，在集体所有制下，土地更容易流动和集中。但土地的流动和集中应由农民根据农业的规模效益自主决定。如果没有规模效益，即使实行了土地的集体所有制，土地也难以流动和集中。此外，土地的规模经营本身并不是目的，只是提高土地使用效率的手段。而且，规模经营与上述土地的农民生存保障功能是相矛盾的，集中到专业农户手中的土地是难以被重新返还给一般农户的。

取消农业税后，农业收益将增加，劳动的机会成本原本较低的种田农民将增加劳动投入，使利用机械的比较收益和土地的规模效益降低，土地的自然流动和集中将更加困难，规模经营也因此更加难以实现。

综上所述，中国农村土地制度的成本很高，但其制度设计的目标基本上都未能实现，因而绩效很低，效率不高；取消农业税后，农村土地制度的成本进一步增加，其制度设计的目标更加难以实现，效率进一步下降。因此，改革农村土地承包使用制度势在必行。

由于赋予农村土地承包使用制度目标本身缺乏合理性，或没有必要，或有更好的替代选择，因此，我们在进行农村土地制度设计时，不应拘泥于让其承担社会目标，而是应从其作为一种基本生产要素的属性出发，寻求一种社会成本较低的制度安排，其可能的选择有以下四种：

（1）在现有制度（即集体所有＋村干部配置使用权）下，加强监督。但在这种制度安排下，目前存在的村民和村干部之间收入分配不公问题不能得到有效解决。一方面，由于乡村干部在瓜分村集体收入这一点上形成了利益共同体，因此不能由乡镇政府自上而下有效监督村干部的土地配置行为，提高村级组织配置土地的效率（彭代彦，2004b）；另一方面，由于农民与村干部的权利不对称，也不能由农民自下而上有效监督村干部的土地配置行为。

（2）私有化，即对农村集体土地私有化后，由市场配置使用权。但意识形态的影响力和历史告诉我们，在相当长时期内实行农村土地私有化的可能性不大。

（3）有学者提出的在土地国有制度下实行永佃制（李学军、朱宏，2003）。在土地国有的前提下，如果允许土地使用权自由流通，土地制度的效率将大大提高，这一点可以从城镇私有房产的有效流通得到印证。但如何将农村集体所有的土地国有化呢？无偿，还是有偿？如果有偿，怎么定价？各个不同村集体的土地如何差别定价？可想而知，农村集体土地的国有化过程本身将伴随着巨大的成本。此外，农村土地国有化后，由谁来行使发包、处置权呢？如果仍由村干部行使这些权利，那么，由集体所有转化为国有的必要性又在哪里？

（4）在坚持土地集体所有的前提下让市场机制配置土地的使用权，即对包括现在尚未承包给农户经营而是由村干部直接控制着的土地在内的全部集体土地实行永佃制，并允许使用权上市流通。笔者赞成这种方案。在这一制度安排下，尽管土地的所有权属于集体，但农民可以按照市场机制自由处置使用权，村干部将不能再通过上收土地的所有权或多收费侵占农民利益，现有土地使用制度所造成的村民和村干部之间收入分配不公问题和因土地使用权频繁调整所导致的矛盾可以得到有效解决。

总之，农村土地承包使用制度为村干部以地谋私提供了可能，取消农业税费后村干部对土地收益更加依赖。要减少乃至杜绝村干部以地谋私，必须进行土地制度改革，而坚持土地集体所有前提下的使用权永佃制是一个较好选择。

第五节　重建村级组织

一　已有观点评述

诱发村干部非规范行为的原因是多方面的，其中最根本的则是村级治理结构的不完善，即村干部的行为既不受自下而上的监督，也没有自上而下的约束。一方面，众所周知，推行 30 年多的村民自治制度在绝大多数地方都已名存实亡①，使村干部的行为几乎受不到来自村民的有效监督，村级集体经济蜕变为了"干部经济"。② 另一方面，中国的村级组织承担了党务、行政、经济和社会四类功能，在很大程

---

① 例如，被当地镇干部和村民公称为"南霸天"的原河北泊头市寺门村镇侯落鸭村主任侯某，长期操控选举，私自扣留本应发给村民由村民填写的选票，自己填上本人的名字后直接塞进选票箱（《"南霸天"再现　凸显乡村治理危机》，《新京报》2014 年 7 月 14 日，http：//money. 163. com/14/0714/02/A133MNNN00253B0H. html）。

② 中国社会科学院学部委员、农村发展研究所研究员张晓山在一次论坛上指出，集体经济已蜕变为"干部经济"，一些发达地区的行政已经演变成为政企合一的集团公司，村社精英基本主导了权力与资本的配置。这些村社精英领导不仅长期拥有权力，而且可决定权力的继承和转让（《乡村治理机制问题暴露专家称集体经济蜕变为"干部经济"》，2012 年 10 月 24 日，人民网，http：//politics. people. com. cn/n/2012/1024/c1001 –19372414. html）。

度上是上级机关在农村基层的延伸①，在工作中与上级官员建立了各种联系，容易形成紧密的利益共同体，侵占土地收益的非规范行为不仅受不到上级的监督，相反有的还得到了上级领导的默许、纵容甚至支持，致使有的村干部利用家族乃至黑社会势力横行乡里。② 由此可见，村级组织承担行政功能虽然为政府节省了行政成本，但通过成本的外部化，诱发了农村矛盾，放大了社会成本。因此，为了化解和预防各种村干部冲突，必须优化村级治理结构。

---

① 《村民委员会组织法》第五条规定，村民委员会具有协助乡、民族乡、镇人民政府开展工作的法定义务，这些法律所赋予的行政管理职能具有国家行政管理权力的性质，符合所协助的单位必须是人民政府和从事的工作必须是行政管理工作两个要件，此时的村委会主任便符合《刑法》第九十三条第二款规定的"其他依照法律从事公务的人员"特征，成为准国家工作人员。具体来说，村民委员会等村基层组织人员协助人民政府从事下列七类行政管理工作时，属于《刑法》第九十三条第二款规定的其他依照法律从事公务的人员：

第一，救灾、抢险、防汛、优抚、扶贫、移民和救济款物的管理。救灾、抢险、防汛和优抚是国家维护社会稳定和经济发展、保护人民生命财产安全而采取的重要措施，是政府的一项重要工作。实践中在农村的很多救灾、抢险、防汛、扶贫、移民、救济工作需要村委会等村基层组织来发动、组织村民积极参与，有的相关款物需要委托村委会等村基层组织管理。

第二，社会捐助公益事业款物的管理，即村委会等村基层组织人员协助人民政府实施的对社会捐助公益事业的款物的管理。如地方政府根据情况安排社会捐助公益事业的款物给某村用于村公益事业，并且委托村委会进行管理的，就属于公务。

第三，国有土地的经营和管理。土地管理是国家为维护土地制度，调整土地关系，合理组织土地利用所采取的行政、经济、法律和技术的综合措施。一般而言，国家把土地管理权授予政府及其土地行政主管部门。因此，土地管理也是政府及其土地行政主管部门依据法律和运用法定职权，对社会组织、单位和个人占有、使用、利用土地的过程或者行为所进行的组织和管理活动。

第四，土地征收、征用补偿费用的管理。根据《宪法》、《物权法》及《土地管理法》的规定，国家为了公共利益需要，可以对集体土地进行征用或征收并给予补偿，补偿费包括土地补偿费、安置补助费、地上附着物和青苗补助费。因此，对于土地被征收者的补偿本身就是国家征收土地过程中一个必不可少的环节，在对被征地者实施具体补偿的过程中对征地补偿费用的管理自然也是行使国家公务。

第五，代征、代缴税款。这是与 2000 年度国务院正在进行农村税费改革的试点工作，即将乡统筹等的收费将以税收的形式代替的工作需要相适应的一项行政管理工作。

第六，有关计划生育、户口、征兵工作。不容置疑，计划生育、户口、征兵工作均属于人民政府的行政管理工作，因该工作的复杂性及特殊性而需要村委会等予以大力配合。

第七，协助人民政府从事的其他行政管理工作，是指除上述几项工作以外的其他属于从事公务的情形（盛杰：《将村委会主任视为国家工作人员的法律分析》，参见 http：//www.zjzjlaw. com/news_ view. asp？ArticleID = 449）。

② 例如，村民被原河北泊头市寺门村镇侯落鸭村主任侯某殴打报警后，警察很久才出现。侯某有时候会被当地警方带走，但并没受到严惩，很快又会恢复在村里的活动（《"南霸天"再现 凸显乡村治理危机》，《新京报》2014 年 7 月 14 日）。

对优化村级治理结构必要性的认识社会各界高度一致，至于如何优化，官方的思路是完善的。中央组织部于2014年6月做出了"重拳整治村社区干部涉黑涉恶"的部署①，与中央党的群众路线教育实践活动领导小组联合印发了《关于在第二批党的群众路线教育实践活动中进一步加强基层党组织建设的通知》，要求各级党组织将加强基层党组织建设作为整改落实的重要任务，开展整治村、社区等基层干部违法违纪行为专项行动，特别强调要集中力量查处群众反映强烈的涉黑涉恶案件。《通知》提出的具体措施包括：

第一，继续深入整顿软弱涣散基层党组织，派出专门工作力量，跟踪帮扶、巩固提高，防止反弹"回潮"。对已整顿但效果不好、群众不满意的，要找准症结、限期"补课"。整顿不彻底、不到位的不能放过，联系领导和帮扶单位不能脱钩，派驻干部和工作组不能撤离。

第二，结合村、社区"两委"换届，选优配强基层党组织书记，选好村、社区基层组织带头人。同时，加强后备人才队伍建设，着力解决基层组织后继乏人问题。

第三，加强对基层带头人队伍的监督管理，严格考核奖惩，健全民主评议、述职述廉、离任审计等制度。

第四，建立健全并全面落实村级民主议事、民主决策、党务公开、公开、民主理财、民主监督等各项民主管理制度，深入推进村务监督委员会建设，切实解决优亲厚友、"暗箱"操作、损害群众利益等突出问题。社区党组织要完善社区"两委"议事协调机制，推广社区事务听证会、民主恳谈会和党群议事会等做法，全面推进党务、居务公开。

第五，对于不正之风和违法违纪行为，要求加大监督、执纪、问责力度，紧紧扭住基层党组织和党员干部中存在的"四风"突出问题，特别是发生在群众身边的不正之风和违法违纪行为，出重拳、下猛药集中整治。开展整治村、社区等基层干部违法违纪行为专项行动，特别要集中力量查处群众反映强烈的涉黑涉恶案件。

第六，全面清理上级机关和有关方面在基层组织设立的临时工作

---

① http://news.sina.com.cn/c/2014-06-29/020930438306.shtml.

机构、加挂的各种牌子，集中规范委托基层代办事项和面向基层开展的各类检查、考核、评比、达标活动，大力压缩面向基层的各类会议、台账、材料、报表，切实为基层减负减压。

关于村级治理结构改革，学术界的主流观点也基本上持完善的思路。中国社会科学院学部委员、农村发展研究所张晓山研究员主张建立村领导权力监督与制衡机制，具体措施包括：

第一，明确界定"集体经济组织"和"社区组织（村委会、村民小组）"之间的关系。村委会（或居委会）将土地集体资产的管理权完全剥离到集体经济组织手中，只承担村庄的公共职能，经费由财政支出。制定《村集体经济组织法》规范集体经济组织的内涵外延、权能、成员的退出机制、责任和义务等。

第二，落实农村基层民主，真正实行民主决策、民主管理、民主监督。通过完善村民代表大会制度或成立村民理事会，使其成为决议机关，村委会只是具体的执行机构，形成村干部权力制衡机制，限制权力的运用，避免权力的滥用。

第三，促进乡村治理主体的多元化，鼓励和发展自治组织、行业组织、社会中介组织、公益慈善和基层服务性组织等多元化的社会或经济组织形式。[①]

国务院发展研究中心农村经济研究部副部长、刘守英研究员提出要对村集体资产使用与分配进行制衡。

第一，深化集体所有制改革。对成员权集体所有制进行改革，明确农村集体成员权时点，时点之前农民享有原集体土地分红权，时点后农民可出资购股获得分红权。

第二，改革集体资产经营体制。明确成员权资格后，采取双轨制经营集体资产，即成立以成员权资格为纽带的股份合作公司和以资产为纽带的现代股份制公司。前者只有享有成员权资格的人才能加入，平等分享原集体土地租金分红；后者完全以资金入股形成现代公司治理结构，打开封闭村庄，无论本村人还是外村人，均可以带资进入，

---

① 《乡村治理机制问题暴露 专家称集体经济蜕变为"干部经济"》，2012年10月24日，原载人民网（http://politics.people.com.cn/n/2012/1024/c1001-19372414.html）。

新公司可以租赁村庄土地搞开发，支付租金后的利润按资分红。

第三，实行政经分离。在明确财产权利和资产经营方式基础上，在村庄一级实行行政治理与经济管理的分离。党支部行使政治、社会稳定和监督经济的职能，村委会行使公共品提供和服务职能，村级经济由公司经营。①

大量实践经验表明，这种改良难以根本克服村级组织的弊端，只要不受自上而下的约束和自下而上的监督，村干部就容易形成支配势力，村级自治就会流于形式。正如刘守英研究员指出的那样，南海在推行土地股份制改造时，为了防止村干部权力过大，也成立过董事会、理事会、监事会等现代意义的治理结构。一些经济发达的其他村庄也建立过类似的现代治理结构。但事实证明，这套架构在现行的法律和政治环境形成的"党支部领导下的集体经济组织"权力配置下，基本形同虚设，难以发挥预期功能。在珠三角大多数村庄，村支书基本控制了集体土地和厂房的出租，村主任只是一个执行经理，仅负责具体事务。②

因此，完善和改革村级组织，需要另辟蹊径，而与中国大陆同宗同源、在地理位置上临近、农村自然资源条件极其相似的中国台湾的经验值得参考借鉴。

二　乡村治理的中国台湾经验③

中国台湾乡村治理结构大致包括四大系统：

一是乡（镇）公所、里（村）系统，主要负责管辖区域范围内的行政管理和公共服务，包括教育、医疗、道路等基础建设、环保和维持社会稳定等。

乡公所下设（村）里和邻（组），村（里）有村（里）长、邻有邻长，均为民选。村长享受每月约4万元新台币的政府补助（包含交际费用），不属于公务员。邻长没有补助。乡公所为每个里选派一名干事，担任里长秘书，其编制在乡公所，享受公务员待遇。里干事是联系里长和乡长的纽带。

---

① 刘守英：《乡村治理是一道绕不过的坎》，《财经》2013年12月2日。
② 同上。
③ 本小结参照了项继权（2010）有关内容。

派公务员担任里长秘书便于上情下达，既有利于乡里及时掌握里邻实情，又便于村民了解有关政策，保证政令畅通；而由财政给民选村（里）长支付报酬，保证了选举的公正性和有效性。

关于村（里）内的公共设施建设，村（里）长除发动村民出工出力外，也可申请乡财政补贴。

二是农会产销系统，直接服务于农民的经济活动，包括金融、技术、生产规划、生产资料供应、产品开发、生产管理、产品营销、品牌管理和价格保护等。

三是民意代表和乡民代表系统，主要职能是收集和反映民意以及监督当局，为所代表的民众争取权利。

四是党、社团组织系统，宣传党派主张，执掌政权或监督政府，做好事、争民意等。

中国台湾乡村自治的一大特点是，当局、政党和社会团体分工明确，相互制约，促进了乡村治理效率的提高。

三　村级自治再构

借鉴中国台湾的经验，应从职能划分和组织重建两方面改造村级组织：

（一）重新界定村级组织职能①

第一，将计划生育、土地管理、环境保护、道路水利设施建设等村级组织现在难以遂行的行政职能上收、由乡镇政府履行。

---

① 村级组织的职能可分为固有职能和委托职能两类，分别相当于日本"固有事务"和"委托事务"。日本宪法和地方自治法规定：凡是处理有关地方居民的事务，叫作"固有事务"；处理受国家委托的事务，叫作"委托事务"。固有事务分为公共事务和行政事务。公共事务是指自治政府为增进居民福利和方便居民而兴办的各项事业，如修建学校、医院和市场，绿化小区，管理公共设施，经营上下水道、煤气、交通等公营企业。行政事务是指为保护地方利益、防止居民权利受到损害而以行政手段加以限制的事务。如限制团体示威活动，取缔暴力行为，维持地方公共秩序，保护居民和行人安全以及对各种物品检查等。行政事务具有强制执行的性质。固有事务原则上由地方自主处理。委托事务是根据有关法律规定，由国家、其他自治团体或公共团体委托地方自治体办理的事务。委托自治体整体办理的事务称为团体委托事务，如修建传染病医院、负担市町村学校职员薪俸等。团体委托事务的内容大部分与居民日常生活密切相关，一些地方干脆把它作为固有事务来处理。委托给自治体行政首长或执行机构办理的事务称"机关委托事务"，如户籍管理、居民登记、国会议员选举、征税等。委托事务的经费由国家负责，必须按国家规定的统一标准执行，接受中央政府主管行政机关的指挥和监督（刘重春，2007）。

　　第二，将经济事务下放给民间机构承担。近年来，各类专业合作社在各地迅速发展，为农户承担了大量经济服务功能，而村级组织大多没履行被赋予的集体经济服务功能。按照上节设想，如果农村集体土地实行永佃经营，经济服务工作更加可以依靠各类专业合作经济组织承担。

　　第三，村级组织贯彻和落实党和政府在农村的各项政策法规、重大决策和工作部署，负责管理全村社会事务，制定落实《村规民约》。

　　（二）重构村级组织

　　第一，现在的村支书和村主任由一人担任，改称"村长"，传达、贯彻和落实党和政府在农村的各项政策法规、重大决策和工作部署，全面负责村级组织事务。因为村支书和村主任现在虽然分别由两人担任，但村主任基本上只是村支书意志的执行者，鉴于村级事务本来就很有限，按照本节的设想重新划分后将更加精练，不如将村支书和村主任合为一人，改称为"村长"，以便与各级政府行政长官"长"的称呼相一致，也符合很多地方群众事实上的称呼习惯。

　　第二，村长由乡镇干部兼任，以村务工作为主，享受公务员待遇，接受乡镇政府和全体村民的双重考核。除村长外，村级组织不设其他干部职位。①

　　第三，各村民小组由民选产生一名小组长②，负责落实村长安排的各项工作和小组事务，上传民情，享受一定数额的政府补贴。小组长实行任期制，一般为三年，如半数以上村民要求可提前改选。

　　第四，村里可根据需要成立民间协会，承担具体事务（如婚丧嫁

---

　　① 在多年的实地调查过程中，笔者试探性地询问了一些农民对精简以至于取消村级组织的看法，几乎所有的农民都表示，村级组织即使保留，也不需要这么多干部，有一个干部召集开会即可，个别村民甚至认为，撤销村级组织对农村的经济和社会各方面都不会有什么影响。也有农民表示，镇里派干部管理村务更好，因为可以不受当地势力的影响，笔者曾提出过类型想法，2004 年 3 月的《中国改革报》对此进行了详细介绍。

　　② 郭斌、王征兵和徐创洲对陕西的调查表明，大多数村干部认为不必再设小组长（《村干部职能转变问题的调查与思考——基于陕西省户县 35 个村 49 名村干部的调查》，农博网，2006 年 10 月 30 日，http://news.aweb.com.cn/2006/10/30/11150316.htm）。但是，中国农村土地的所有者主要是村民小组，土地调整和灌溉服务等工作都要以小组为单位，因此笔者认为，还是设小组长更有利于农村工作的开展和协调。

娶），协会负责人完全由农民自己选举产生，不享受津贴，村长和各小组长有义务协助协会的各种合法业务，接受村民考评。①

第六节　结语

应对村干部在农村集体土地管理中的非规范行为，需要多管其下，标本兼治，既要完善冲突化解机制，依法惩处村干部的违法犯罪行为，也要改革农村土地制度，重建村级组织。

作为农村土地冲突的化解机制，调解、上访、诉讼和媒体监督等都不能完全有效公正地发挥作用。现有农村冲突化解机制的低效率与行政体制的低效率息息相关。要提高现有冲突化解机制的效率，必须改善基层政府及官员的工作作风，而让农民进行冲突化解满意度评价是一个较为有效的方式。

农村土地承包使用制度为村干部以地谋私提供了可能，取消农业税费后村干部对土地收益更加依赖，进一步加剧了村干部在农村土地管理中的非规范行为。要减少乃至杜绝村干部以地谋私，必须进行土地制度改革，而坚持土地集体所有前提下的使用权永佃制是一个较好的选择。

现有村级组织的运行效率低下，村干部行为既不受自下而上的监督，也没有自上而下的约束。要改变这种状况，可以借鉴中国台湾经验，从职能划分和组织重建两方面改造村级组织。在职能上，应将计划生育、土地管理、环境保护、道路水利设施建设等村级组织现在难

---

① 一些村级组织机构林立，除村委会和村党支部外，还有书记办、主任办、财务室、信访办、农水办、党建办、计生办、团支部、综治工作站、综治办、治保会、民调会、巡逻队、联调室、纪检小组、理财小组、殡葬改革领导小组、白事理事会、安全生产领导小组、信访领导小组、平安建设领导小组、防范处理邪教工作领导小组、关心下一代领导小组、五老队伍、综合治理领导小组、护林防火领导小组、未成年人思想道德建设讲师团、村务监督委员会和农民用水协会等，种类繁多，包罗万象（《聚焦村干部现状："风光"不再　困惑增多》，《光明日报》2011 年 10 月 13 日，http：//news. xinhuanet. com/politics/2011 -10/13/c_ 122151582_ 2. htm）。村干部就那几个人，几乎要负责所有这些机构。与其这样，不如去掉名目，将属于村级组织的职能列为村干部的工作职责不就可以了吗？

以遂行的行政职能上收、由乡镇政府履行，将经济事务下放给民间机构承担，村级组织只负责贯彻和协助乡镇部署的有关工作任务，管理全村社会事务，制定落实《村规民约》。在机构上，将村支书和村主任由一人担任，改称"村长"，由乡镇干部兼任，享受公务员待遇，村级组织不设其他村干部职位，各村民小组由民选产生一名小组长，实行任期制，一般为三年，如半数以上村民要求可提前改选。

参考文献

[1] Alston, L. J., G. D. Libecap, B. Mueller, 2000, "Land Reform Policies, the Sources of Violent Conflict, and Implications for Deforestation in the Brazilian Amazonl", *Journal of Environmental Economics and Management*, Vol. 39, pp. 162 – 188.

[2] Amman, H., 2004, "Land Tenure and Conflict Resolution: a Game Theoretic Approach in the Narok District in Kenya", *Environment and Development Economics*, Vol. 9, pp. 383 – 407.

[3] Anaafo, D., 2013, "Systems Approach to Pro – poor Land Reforms: A Concept Paper", *Land Use Policy*, Vol. 35, pp. 421 – 426.

[4] Baranyi, S., W. Viviane, 2006, "Transforming Land – related Conflict: Policy, Practice and Possibilities", Background Paper, May 2006, The International Development Research Centre.

[5] Boserup, E., 1965, The Conditions of Agricultural Growth: The Economics of Agrarian Change under Population Pressure, London: Earthscan Publications.

[6] Campbell, D. J., H. Gichohi, A. Mwangi, L. Chege, 2000, "Land Use Conflict in Kajiado District, Kenya", *Land Use Policy*, Vol. 17, pp. 337 – 348.

[7] De Lucas, G., P. G. Sekeris, 2012, "Land Inequality and Conflict Intensity", *Public Choice*, Vol. 150, pp. 119 – 135.

[8] Deininger, K., R. Castagnini, 2006, "Incidence and Impact of Land Conflict in Uganda", *Journal of Economic Behavior and Organization*, Vol. 60, pp. 321 – 345.

[9] Deininger, K., S. Jin, 2005, "The Potential of Land Rental Mar-

kets in the Process of Economic Development: Evidence from China", *Journal of Development Economics*, Vol. 78, pp. 241 – 27.

[10] Deininger, K., S. Jin, S. Rozelle, 2005, "Rural Land and Labor Markets in the Process of Economic Development: Evidence from China", Mimeo.

[11] Deininger, K., S Jin, 2009, "Securing Property Rights in Transition: Lessons from Implementation of China's Rural Land Contracting Law", *Journal of Economic Behavior & Organization*, Vol. 70, pp. 22 – 38.

[12] Dolan, P., T. Peasgood and M. White, 2008, "Do We really Know What Makes Us Happy? A Review of the Economic Literature on the Factors Associated with Subjective Well – being", *Journal of Economic Psychology*, Vol. 29, pp. 94 – 122.

[13] Don, P., 2002, "Conflicts Arising from Management and Use of Customary Land", FAO /USP /RICS Foundation South Pacific Land Tenure Conflict.

[14] Feng, S., N. Heerink, 2008, "Are Farm Households' Land Renting and Migration Decisions Inter – related in Rural China?", Mimeo.

[15] Feng, S., N. Heerink, F. Qu, 2004, "Factors Determining Land Rental Market Development in Jiangxi Province, China", Paper presented at the 7th European Conference on Agriculture and Rural Development in China (ECARDC), 8 – 10 September 2004, Greenwich, 29.

[16] Frey, B., A. Stutzer, 2002, "What can Economists Learn from Happiness Research?", *Journal of Economic Literature*, Vol. XL, pp. 402 – 435.

[17] Fujiki, H., 1999, "The Structure of Rice Production in Japan and Taiwan", *Economic Development and Cultural Change*, Vol. 47, No. 2, pp. 387 – 400.

[18] Gils, H. V., G. Siegl, R. M. Bennett, 2014, "The Living Commons of West Tyrol, Austria: Lessons for Land Policyand Land Administration", *Land Use Policy*, Vol. 38, pp. 16 – 25.

[19] Haregeweyn, N., G. Fikadu, A. Tsunekawa, M. Tsubo, D. T.

Meshesha, 2012, "The Dynamics of Urban Expansion and its Impacts on Land Use/Land Cover Change and Small – scale Farmers Living near the Urban Fringe: A Case Study of Bahir Dar, Ethiopia", *Landscape and Urban Planning*, Vol. 106, pp. 149 – 157.

[20] Hayami, Y. , T. Kawagoe, 1989, "Farm Mechanization, Scale Economies, and Polarization: the Japanese Experience", *Journal of Development Economics*, Vol. 31, pp. 221 – 239.

[21] Hui, E. C. M. , H. J. Bao, X. L. Zhang, 2013, "The Policy and Praxis of Compensation for Land Expropriations in China: An Appraisal from the Perspective of Social Exclusion", *Land Use Policy*, Vol. 32, pp. 309 – 316.

[22] Joomla, A. , 2006, "Agrarian Conflict and Violence toward Peasants in Indonesia", Paper for the International Conference on Agrarian Reform and Rural Development.

[23] Kung, J. K. , 2002, "Off – farm Labour Markets and the Emergence of Land Rental Markets in Rural China", *Journal of Comparative Economics*, Vol. 30, pp. 395 – 414.

[24] Lin, J. Y. , 1988, "The Household Responsibility System in China's Agricultural Reform: A Theoretical and Empirical Study", *Economic Development and Cultural Change*, Vol. 36, pp. S199 – S244.

[25] Lohmar, B. , 1999, "Land Tenure Iinsecurity and Labour Allocation in Rural China", Paper presented at the 1999 Annual Meeting of the American Agricultural Economics Association, August 1999, Nashville, Tennessee, 14, pp. 9 – 12.

[26] Maddala, G. S. , 1992, *Introduction to Econometrics*, New York: Macmillan.

[27] McKelvey, R. D. , W. Zavoina, 1975, "A Statistical Model for the Analysis of Ordinal Level Dependent Variables", *Journal of Mathematical Sociology*, Vol. 4, pp. 103 – 120.

[28] Moyo, S. , 2005, "Land and Natural Resource Redistribution in Zimbabwe: Access, Equity and Conflict", *African and Asian Stud-*

ies, No. 4.

[29] O' Brien, Kevin J. , 1996, "Rightful Resistance", *World Politics*, October.

[30] O' Brien, Kevin J. , 2002, "Collective Action in the Chinese Countryside", *The China Journal*, July, No. 48.

[31] Obeng – Odoom, F. , 2012, "Land Reforms in Africa: Theory, Practice, and Outcome", *Habitat International*, Vol. 36, pp. 161 – 170.

[32] Olano, J. , 2007, "Land Conflict Resolution: Case Studies in the Philippines", http://www. iapad. org/applications/application _ 07. htm. 2007 – 07 – 04.

[33] Olano, J. N. D. , 2002, "Land Conflict Resolution: Case Studies in the Philippines", *Land Use Policy*, Vol. 19, No. 1, pp. 45 – 48.

[34] Perry, E. J. , 1985, "Rural Violence in Socialist China", *China Quarterly*, *September*, 1985.

[35] Peters, P. E. , 2009, "Challenges in Land Tenure and Land Reform in Africa: Anthropological Contributions", *World Development*, Vol. 37, No. 8, pp. 1317 – 1325.

[36] Raleigh, C. , 2011, "The Search for Safety: The Effects of Conflict, Poverty and Ecological Influences on Migration in the developing world", *Global Environmental Change*, Vol. 21, pp. S82 – S93.

[37] Renwick, A. , T Jansson, P. H. Verburg, C. Revoredo – Giha, W. Britz, A. Gocht, D. McCracken, 2013, "Policy Reform and Agricultural Land Abandonment in the EU", *Land Use Policy*, Vol. 30, pp. 446 – 457.

[38] Teichgraeber, R. , 1981, "Rethinking Das Adam Smith Problem", *The Journal of British Studies*, Vol. 20, No. 2, pp. 106 – 123.

[39] Schwarzwalder, B. , 1999, "Compulsory Acquisition, in Legal Impediments to Effective Rural Land Relations in Eastern Europe and Central Asia", *World Bank Technical Paper*, No. 436.

[40] Shi, X. , N. Heerink, F. Qu, 2007, "Choices between Different off – farm Employment Sub – categories: An Empirical Analysis for

Jiangxi Province, China", *China Economic Review*, Vol. 18, pp. 438 – 455.

[41] Sikor, T., 2009, "The Limits of State – Led Land Reform: An Introduction", *World Development*, Vol. 37, No. 8, pp. 1307 – 1316.

[42] Skinner, M. W., R. G. Kuhn, A. E. Joseph, 2001, "Agricultural Land Protection in China: A Case Study of Local Governance in Zhejiang Province", *Land Use Policy*, Vol. 18, pp. 329 – 340.

[43] Thomas, P. B. and X Li, 2000, "Taxation without Representation: Peasants, the Central and the Local States in Reform China", *China Quarterly*, September, No. 163.

[44] Treeger, C., 2004, "Legal Analysis of Farmland Expropriation in Namibia", *Analyses and Views*, Konrad – Adenauer – Stiftung.

[45] Tu, Q., N. Heerink, X. Li, 2006, "Factors Affecting the Development of Land Rental Markets in China: A Case Study for Puding County, Guizhou Province", Mimeo.

[46] Van Praag, B. M. S., P. Frijters, A. Ferre – i – Carbonell, 2003, "The Anatomy of Subjective Well – being", *Journal of Economic Behavior and Organization*, Vol. 51, pp. 29 – 49.

[47] Wehrmann, B., 2008, "Land Conflicts: A Practical Guide to Dealing with Land Disputes", http: //www. landcoalition. org/pdf/ 08_ GTZ_ land_ conflicts. pdf.

[48] Wills – Herrera, E., L. E. Orozco, C. Forero – Pineda et al., 2011, "The Relationship between Perceptions of Insecurity, Social Capital and Subjective well – being: Empirical Evidences from Areas of Rural Conflict in Colombia", *The Journal of Socio – Economics*, Vol. 40, pp. 88 – 96.

[49] Winkelmann, R., S. Boes, 2006, *Analysis of Microdata*, Berlin and Heidelberg: Springer – Verlag.

[50] Wooldridge, J., 2002, *Economic Analysis of Cross Section and Panel Data*, The MIT Press, Cambridge.

[51] Yamano, T., K. Deininger, 2005, "Land Conflicts in Kenya: Cau-

ses, Impacts, and Resolutions", *FASID Discussion Paper*, http://www3. grips. ac. jp/ ~ yamanota/Land% 20Conflicts% 20in% 20Kenya% 20（FASID% 20DP）. pdf.

[52] Yang, D. , 1997, "China's Land Arrangements and Rural Labor Mobility", *China Economic Review*, Vol. 8, No. 2, pp. 101 – 116.

[53] Yao, Y. , 2000, "The Development of the Land Lease Market in Rural China", *Land Economics*, Vol. 76, pp. 252 – 266.

[54] Yasmi, Y. , L. Kelley, T. Enters, 2010, "Conflict over Forests and Land in Asia: Impacts, Causes, and Management ", http://www. recoftc. org/site/uploads/content/pdf/Issuespaperweb_ 109. pdf.

[55] Zhang, Q. F. , Q. Ma, X. Xu, 2004, "Development of Land Rental Markets in Rural Zhejiang: Growth of off – farm Jobs and Institution Building", *The China Quarterly*, Vol. 180, pp. I050 – I072.

[56] Zhong, T. Y. , X. J. Huang, X. Y. Zhang, S. Scott, K. Wang, 2012, "The Effects of Basic Arable Land Protection Planning in Fuyang County, Zhejiang Province, China ", *Applied Geography*, Vol. 35, pp. 422 – 438.

[57] 白呈明：《在宪政框架下构建解决农村土地纠纷的长效机制》，《唐都学刊》2005 年第 21 卷第 6 期。

[58] 北京天则经济研究所中国土地问题课题组：《城市化背景下土地产权的实施和保护》，《管理世界》2007 年第 12 期。

[59] 蔡虹：《农村土地纠纷及其解决机制研究》，《法学评论》2008 年第 2 期。

[60] 蔡继明、程世勇：《农村建设用地流转和土地产权制度变迁》，《东南学术》2008 年第 6 期。

[61] 曹国英：《关于完善村级治理结构的思考》，《中国民政》2004 年第 2 期。

[62] 成海军：《从两委关系看加强农村基层党组织执政能力建设——山西省泽州县 9 个村的调查》，《安徽教育学院学报》2005 年第 23 卷第 4 期。

[63] 陈春节、佟仁城：《征地补偿价格量化研究——以北京市为

例》,《中国土地科学》2013 年第 27 卷第 1 期。

[64] 陈美球、刘桃菊:《城乡发展一体化目标下的农村土地制度创新思考》,《中国土地科学》2013 年第 27 卷第 4 期。

[65] 陈修文、高德:《当前农村矛盾表现及对策研究》,《山东理工大学学报》(社会科学版) 2003 年第 19 卷 5 期。

[66] 陈莹、谭术魁:《土地征收中的农民和集体利益关系研究——以武汉市为例》,《2008 年中国土地学会学术年会论文集》,2008 年。

[67] 陈莹、谭术魁:《征地补偿费分配模式研究——以湖北省为例》,《2009 年中国土地学会学术年会论文集》,2009 年。

[68] 陈莹、谭术魁:《征地补偿的分配模式与困境摆脱:武汉例证》,《改革》2010 年第 1 期。

[69] 陈莹、谭术魁、张安录:《公益性、非公益性土地征收补偿的差异性研究——基于湖北省 4 市 54 村 543 户农户问卷和 83 个征收案例的实证》,《管理世界》2009 年第 10 期。

[70] 陈其人:《论"经济人"和利己与利他——兼论"斯密难题"的产生原因》,《当代经济研究》2003 年第 1 期。

[71] 党国英:《"两委合一"——乡村民主政治的重要发展》,《中国改革》2001 年第 5 期。

[72] 党国英:《正式制度与社会冲突》,《中国农村观察》2001 年第 2 期。

[73] 董建波、李学昌:《1940 年代后期江浙农村社会失控的历史思考》,《华东师范大学学报》(哲学社会科学版) 2004 年第 36 卷第 2 期。

[74] 董江爱:《村级选举中形成的"两委"关系对立及出路》,《华中师范大学学报》(人文社会科学版) 2005 年第 44 卷第 1 期。

[75] 董磊明、夏民:《乡村关系冲突现象剖析》,《调研世界》2000 年第 6 期。

[76] 冯耀明:《村民自治实践中"两委"关系及冲突解决模式探析》,《北京行政学院学报》2004 年第 5 期。

[77] 付少平:《对当前农村社会冲突与农村社会稳定的调查与思

考》，《理论导刊》2002 年第 1 期。

[78] 高鸿业：《西方经济学》，中国人民大学出版社 2000 年版。

[79] 高圣平、刘守英：《集体建设用地进入市场：现实与法律困境》，《管理世界》2007 年第 3 期。

[80] 高新军：《处于体制冲突和矛盾焦点中的乡镇党政》，《马克思主义与现实》2004 年第 2 期。

[81] 高中建、李占立、韩新荣：《农村传统观念与现代法治进程之互补与冲突》，《河南师范大学学报》（哲学社会科学版）2005 年第 32 卷第 6 期。

[82] 顾海英、赵德余：《农村集体建设用地流转的法律与产权问题》，《农业经济问题》2003 年第 10 期。

[83] 关璐、张佳鑫：《法制与乡土社会的碰撞——当代中国农民诉讼理念简析》，《农业与技术》2005 年第 25 卷第 5 期。

[84] 河南省社会科学院、河南省信访局联合调查组：《关于当前农村社会稳定问题的调查》，《调研世界》1999 年第 1 期。

[85] 贺雪峰：《为什么要警惕土地换户籍》，《北京农业》2011 年第 7 期。

[86] 贺雪峰：《论土地性质与土地征收》，《南京农业大学学报》（社会科学版）2012 年第 12 卷第 3 期。

[87] 贺雪峰、王习明：《村级债务的成因与危害》，《管理世界》2002 年第 3 期。

[88] 贺雪峰、魏继华：《土地征收制度应体现"地利共享"原则》，《理论参考》2013 年第 6 期。

[89] 胡大伟：《水库移民征地补偿协商机制构建研究——基于合意治理的思考》，《中国土地科学》2013 年第 27 卷第 4 期。

[90] 胡庆东：《乡政村治格局中乡村关系的矛盾冲突及原因》，《南都学坛》（人文社会科学学报）2004 年第 24 卷第 6 期。

[91] 黄波：《非政府组织与乡村政权的合作冲突与协调》，《东方论坛》2004 年第 1 期。

[92] 黄东东：《公平补偿的立法选择——农村土地补偿市价标准质疑》，《中国土地科学》2013 年第 27 卷第 4 期。

[93] 黄庆杰、王新：《农村集体建设用地流转的现状、问题与对策——以北京市为例》，《中国农业经济》2007 年第 1 期。

[94] 济南市中级人民法院民一庭研究室：《关于土地收益分配案件的调研报告》，《山东审判》2003 年第 4 期。

[95] 加里·贝克尔：《人类行为的经济分析》，上海三联书店 1993 年版。

[96] 江观伙：《村级债务的形成及其消化》，《中国农村经济》1999 年第 4 期。

[97] 江金启、郑风田：《作为利益诉求手段的农村土地冲突》，《沈阳农业大学学报》（社会科学版）2011 年第 12 卷第 3 期。

[98] 蒋省三、刘守英：《土地资本化与农村工业化——广东省佛山市南海经济发展调查》，《管理世界》2003 年第 11 期。

[99] 金太军、董磊明：《村民自治背景下乡村关系的冲突及其对策》，《中国行政管理》2000 年第 10 期。

[100] 兰云：《征地恩仇录》，《中国改革》2005 年第 6 期。

[101] 李朝开：《家族势力与法治关系论》，《学术探索》2005 年第 3 期。

[102] 李珍贵、唐健、张志宏：《中国土地征收权行使范围》，《中国土地科学》2006 年第 20 卷第 1 期。

[103] 李红波：《现行征地程序缺陷及其改进研究》，《经济体制改革》2008 年第 5 期。

[104] 李红波、谭术魁、彭开丽：《诱发农村土地冲突的土地法规缺陷探析》，《经济体制改革》2007 年第 1 期。

[105] 李红娟：《我国农村土地征收法律制度改革的问题与对策——基于征地制度改革试点的分析》，《管理现代化》2014 年第 1 期。

[106] 厉复魁、于新恒、王雅珍、吕雅范：《乡村基层民主建设的现状、难题及对策》，《社会科学战线》2002 年第 6 期。

[107] 黎平：《农村集体建设用地流转治理的路径选择》，《中国土地科学》2009 年第 4 期。

[108] 李奇剑、何斌：《解决乡村债务问题任重道远——信访引发的

思考》，《农村经营管理》2005 年第 7 期。

[109] 李小雨、何赛雄、张永成：《沟通缓解了农民和基层政府的矛盾》，《乡镇论坛》2004 年第 7 期。

[110] 李小平、卢福营：《村民分化与村民自治》，《中国农村观察》2002 年第 1 期。

[111] 李学军、朱宏：《农村土地制度变迁与效率增进的思考》，《理论学刊》2003 年第 6 期。

[112] 李学清、王少怡：《引发农村土地冲突的土地法规缺陷浅析》，《西北农林科技大学学报》（社会科学版）2011 年第 11 卷第 6 期。

[113] 李燕凌、周先进、周长青：《对农村社会公共危机主要表现形式的研究》，《农业经济》2005 年第 2 期。

[114] 李珍贵、唐健、张志宏：《中国土地征收权行使范围》，《中国土地科学》2006 年第 20 卷第 1 期。

[115] 李珍贵：《缩小征地范围改革难点与建议》，《中国土地》2012 年第 8 期。

[116] 梁成谦：《"道歉"是化解矛盾的良策》，《中国改革·农村版》2002 年第 11 期。

[117] 林乐芬、金媛：《征地补偿政策效应影响因素分析——基于江苏省镇江市 40 个村 1703 户农户调查数据》，《中国农村经济》2012 年第 6 期。

[118] 廖洪乐：《我国农村土地集体所有制的稳定与完善》，《管理世界》2007 年第 11 期。

[119] 刘炳君：《农村群体性事件成因的法社会学求证》，《政法论丛》2004 年第 4 期。

[120] 刘奇、刘见君：《农村基层组织与"农民精英"》，《理论与改革》2004 年第 5 期。

[121] 刘娅：《村民自治"制度—关系"解读——对当前乡村政治关系的思考》，《中国农村观察》2003 年第 5 期。

[122] 刘扬林、陈喜红：《关于湖南株洲市失地农民的调查与思考》，《甘肃科技》2006 年第 4 期。

［123］刘耀彬、万力:《城市化进程中农村土地冲突研究综述》,《学习与实践》2008年第12期。

［124］刘应君、杨美新:《农村法律实现障碍及其消解的社会学分析》,《内蒙古社会科学》(汉文版)2004年第25卷第3期。

［125］刘重春:《西方国家农村基层政府体制比较研究》,2007年10月31日,http://www.caein.com/index.asp?xAction = xReadNews&NewsID = 28758。

［126］卢海元:《土地换保障:妥善安置失地农民的基本设想》,《中国农村观察》2003年第6期。

［127］卢森贝著:《政治经济学史》,李侠公译,生活·读书·新知三联书店1959年版。

［128］罗丹、严瑞珍、陈洁:《不同农村土地非农化模式的利益分配机制比较研究》,《管理世界》2004年第9期。

［129］罗峰:《"追缴税费"与"确权确地":土地二轮延包中的政策界线与民意冲突》,《调研世界》2005年第10期。

［130］吕蕊:《论我国农村土地冲突的原因及其治理》,《黑龙江农业科学》2011年第1期。

［131］马文华、宋明科:《强化公安职能作用　确保转型期农村长治久安》,《公安大学学报》2000年第4期。

［132］梅东海:《社会转型期的中国农民土地意识——浙、鄂、渝三地调查报告》,《中国农村观察》2007年第1期。

［133］彭代彦、周郑攀、匡远凤:《农村土地分配制度不是农村土地冲突的根本原因——基于湖北和湖南农村问卷调查的实证分析》,《中国人口·资源与环境》2013年第8期。

［134］彭代彦:《通向幸福之路》,中国社会科学出版社2011年版。

［135］彭代彦、吴宝新:《征地补偿的新思路》,《开发研究》2007年第2期。

［136］彭代彦:《农村税费改革与村支书的分化和农村社会矛盾转型》,《南京市委党校学报》2004年第4期。

［137］彭代彦:《取消农业税与农村土地制度改革》,《江苏社会科学》2004(b)年第4期。

［138］彭代彦：《农业生产要素配置与农产品供给的计量分析》，华
中科技大学出版社 2003 年版。

［139］彭代彦、张卫东：《农村税费改革与村级组织运行》，《中国农
村经济》2003 年第 12 期。

［140］彭代彦：《中国にぉける村级选举と末政府选举行为》，《农林
经济》（东京：时事通讯社），2000 年 4 月。

［141］彭代彦：《中国にぉける乡镇级选举》，《农林经济》（东京：
时事通讯社）2000 年 9 月。

［142］齐睿、李珍贵、王斯亮、谢锦：《中国被征地农民安置制度变
迁分析》，《中国土地科学》2013 年第 27 卷第 10 期。

［143］齐晓瑾、蔡澍、傅春晖：《从征地过程看村干部的行动逻辑：
以华东、华中三个村庄的征地事件为例》，《社会》2006 年第
26 卷第 2 期。

［144］曲福田、田光明：《城乡统筹与农村集体土地产权制度改革》，
《管理世界》2011 年第 6 期。

［145］阮建青：《中国农村土地制度的困境、实践与改革思路——
"土地制度与发展" 国际研讨会综述》，《中国农村经济》2011
年第 7 期。

［146］闫召华：《村民上访和乡土社会的司法权威》，《江西公安专科
学校学报》2005 年第 2 期。

［147］宋国英：《失地农民生活保障模式浅析》，《农村经营管理》
2014 年第 1 期。

［148］苏辉：《斯密悖论与经济伦理的研究综述》，《经济研究导刊》
2011 年第 30 期。

［149］谭峻、涂宁静：《农村集体土地所有权的实现困境与对策研
究》，《中国土地科学》2011 年第 25 卷第 5 期。

［150］谭术魁：《农民失地及其附属权利的丧失》，《财经科学》2006
年第 1 期。

［151］谭术魁：《中国土地冲突的概念、特征与突发因素研究》，《中
国土地科学》2008 年第 4 期。

［152］谭术魁：《中国频繁爆发征地冲突的原因分析》，《中国土地科

学》2008 年第 22 卷第 6 期。

[153] 谭术魁：《中国频繁爆发土地冲突事件的原因探究》，《中国土地科学》2009 年第 6 期。

[154] 谭术魁、涂姗：《征地冲突中利益相关者的博弈分析——以地方政府与失地农民为例》，《中国土地科学》2009 年第 11 期。

[155] 谭术魁、肖建英：《农民征地补偿满意度实证研究》，《中国房地产》2012 年第 2 期。

[156] 唐健、谭荣：《农村集体建设用地价值"释放"的新思路——基于成都和无锡农村集体建设用地流转模式的比较》，《华中农业大学学报》（社会科学版）2013 年第 3 期。

[157] 唐晓腾：《影响农村社会稳定的因素分析和形势预测——对东部 Q 市的实证调查与有关思考》，《东华理工学院学报》（社会科学版）2005 年第 24 卷第 2 期。

[158] 唐正繁：《中国乡村治理研究》，《科学社会主义》2004 年第 5 期。

[159] 仝志辉、贺雪峰：《村庄权力结构的三层分析——兼论选举后村级权力的合法性》，《中国社会科学》2002 年第 1 期。

[160] 涂姗：《转型时期的农村土地冲突研究》，博士学位论文，华中科技大学，2009 年。

[161] 万俊人：《道德之维——现代经济伦理导论》，广东人民出版社 2000 年版。

[162] 王汉生：《改革以来中国农村的工业化与农村精英构成的变化》，《中国社会科学季刊》（香港）1994 年秋季卷。

[163] 王良健、李辉、禹诚、张特：《耕地征收最优规模的理论与实证研究——基于边际理论视角》，《中国土地科学》2013 年第 27 卷第 1 期。

[164] 王敬尧：《村民自治进程中的乡村关系——以 S 村选举问题的处理为例》，《北京行政学院学报》2002 年第 5 期。

[165] 王久高、孟毅辉：《冲突的根源及其制度创新——增强村民对村级党组织选举和监督的影响力》，《湖湘论坛》2004 年第 5 期。

［166］王培刚：《当前农村土地征用中的利益主体博弈路径分析》，《农业经济问题》2007年第10期。

［167］王瑞雪：《土地换保障制度的逻辑困境与出路》，《中国土地科学》2013年第27卷第6期。

［168］王西玉：《新形势下农民同土地关系的再认识》，《中国农村经济》2003年第10期。

［169］王小映、贺明玉、高永：《我国农村土地转用中的土地收益分配实证研究——基于昆山、桐城、新都三地的抽样调查分析》，《管理世界》2006年第5期。

［170］王晓毅：《村庄结构与村庄内部的紧张》，《中国农村观察》2000年第2期。

［171］王振耀：《中国的村民自治与民主化发展道路》，《战略与管理》2002年第1期。

［172］汪维才：《农村集体土地所有权的体制缺失及其完善》，《经济论坛》2005年第18期。

［173］魏星河、熊新辉：《村委会选举后村党支部的矛盾冲突与角色定位》，《求实》2004年第4期。

［174］宛樵东、吴宇晖：《亚当·斯密与〈国富论〉》，吉林大学出版社1986年版。

［175］翁子挺、刘勤明：《对农村群体性闹事事件的思考》，《公安学刊》1999年第11卷第1期。

［176］吴清军：《乡村中的权力、利益与秩序》，《战略与管理》2002年第1期。

［177］吴艳东：《村民自治进程中乡村关系矛盾探源》，《沙洋师范高等专科学校学报》2005年第1期。

［178］项辉：《"村代会"是根本出路》，《中国改革》（农村版）2004年第2期。

［179］项继权：《台湾基层治理的结构与特征——对台湾坪林乡和大安成功社区的考察报告》，《社会主义研究》2010年第5期。

［180］肖业炎：《降低农村治安成本的思考》，《江苏公安专科学校学报》2001年第15卷第4期。

[181] 熊哲文:《村民自治中几层重要关系的法律分析》,《华中师范大学学报》(人文社会科学版) 2001 年第 40 卷第 4 期。

[182] 许晌:《村民自治后国家与农民的关系及其调整》,《中国农业大学学报》(社会科学版) 2001 年第 3 期。

[183] 徐勇:《中国农村村民自治》,华中师范大学出版社 1997 年版。

[184] 徐勇:《村民自治:国家与社会的关系重构和互动》,《中国书评》(香港) 1998 年 5 月总第 12 期。

[185] 徐增阳、任宝玉:《"一肩挑"真能解决"两委"冲突吗——村支部与村委会冲突的三种类型及解决思路》,《中国农村观察》2002 年第 1 期。

[186] 徐振光:《关于密切农村干群关系的思考》,《鲁行经院学报》2002 年第 1 期。

[187] 徐华:《斯密问题解读的合理思路》,《求索》2005 年第 6 期。

[188] 亚当·斯密:《道德情操论》,蒋自强等译,商务印书馆 1987 年版。

[189] 亚当·斯密:《道德情操论》,杨程程、廖玉珍译,商务印书馆 2011 年版。

[190] 严金海:《农村宅基地整治中的土地利益冲突与产权制度创新研究——基于福建省厦门市的调查》,《农业经济问题》2011 年第 7 期。

[191] 阎维娅:《把握农村矛盾新特点　维护农村社会稳定》,《学习论坛》2001 年第 10 期。

[192] 杨春学:《利他主义经济学的追求》,《经济研究》2001 年第 4 期。

[193] 杨经德、马迪:《当前少数民族地区依法治村面临的法律困惑及其对策——对一个少数民族村寨的考察》,《云南公安高等专科学校学报》2001 年第 1 期。

[194] 叶蒙荻、李小平:《村党支委和村委会的冲突与调适》,《菏泽师专学报》2001 年第 23 卷第 3 期。

[195] 叶盛楠:《从"土地抛荒"到"要地纷争"——对内蒙古 L 县

李村土地纠纷问题的调查与思考》，《理论界》2010 年第 5 期。

［196］于建嵘：《利益、权威和秩序——汉司村民对抗基层政府的群体性事件的分析》，《中国农村观察》2000 年第 4 期。

［197］于建嵘：《目前农村群体性事件原因分析》，《决策咨询》2003（a）年第 5 期。

［198］于建嵘：《我国现阶段农村群体性事件的主要原因》，《中国农村经济》2003（b）年第 6 期。

［199］于建嵘：《土地问题已成为农民维权抗争的焦点》，《调研世界》2005 年第 3 期。

［200］余宇赤：《浅析近五届三中全会的土地政策（1993—2013）》，《资源与人居环境》2014 年第 1 期。

［201］袁兆春：《乡规民约与国家法关系分析——兼论乡规民约与国家法的冲突与协调》，《济南大学学报》2000 年第 10 卷第 1 期。

［202］曾祥明、王雪莲、任佳慧：《农村土地冲突刍议》，《河南国土资源》2005 年第 5 期。

［203］曾强：《冲突与适应：对农村宗教信仰的理论思考》，《甘肃理论学刊》2005 年第 5 期。

［204］张富良：《当前农村干群关系成因的主体分析》，《襄樊职业技术学院学报》2002 年第 1 卷第 4 期。

［205］张富良：《改善转型期农村干群关系的突破口》，《湖南城市学院学报》（人文社会科学版）2003 年第 24 卷第 2 期。

［206］张超：《关于干群关系的社会学思考——"法人行动者与村级权力"》，《中国农村观察》2002 年第 3 期。

［207］张剑华、肖志新：《浅析村际冲突》，《湖南公安高等专科学校学报》2003 年第 15 卷第 2 期。

［208］张静：《基层政权，乡村制度诸问题》，浙江人民出版社 2000 年版。

［209］张汝立：《目标、手段与偏差——农村基层政权组织运行困境的一个分析框架》，《中国农村观察》2001 年第 4 期。

［210］张维：《专家建议对宅基地管理统一立法》，《法制日报》2012

年 11 月 13 日第 6 版。

［211］张晓玲：《征地改革关键在约束公权维护私权》，《中国国土资源报》2014 年 1 月 21 日第 3 版。

［212］张晓星：《"斯密难题"下的经济与伦理问题初探》，《东南大学学报》（哲学社会科学版）2005 年第 7 期。

［213］张学亮：《论中国农民法律意识的现代化》，《中共济南市委党校学报》2004 年第 1 期。

［214］张娟：《农村集体土地承包经营权登记与流转关系的实证分析》，《生产力研究》2006 年第 7 期。

［215］赵阳、郭沛：《中国农村土地登记制度试点：背景、实践及展望》，中国农业出版社 2012 年版。

［216］赵洪发、宋波：《村级组织"四权"政策机制的现实价值与完善》，《中共青岛市委党校青岛行政学院学报》2005 年第 5 期。

［217］赵树凯：《社区冲突和新型权力关系——关于 196 封农民来信的初步分析》，《中国农村观察》1999 年第 2 期。

［218］赵树凯：《土地村民村干部——家庭承包政策的操作问题》，《经济研究参考》2000 年第 22 期。

［219］赵树凯：《乡村治理：组织和冲突》，《战略与管理》2003 年第 6 期。

［220］赵树凯：《乱村修路记——"庙委会"与"村委会"的故事》，《中国发展报告》2005 年 5 月号。

［221］赵树凯：《乡村关系：在控制中脱节——10 省（区）20 乡镇调查》，《华中师范大学学报》（人文社会科学版）2005 年第 44 卷第 5 期。

［222］中共四川省委组织部课题组：《推进农村基层民主过程中的利益冲突与协调问题研究》，《马克思主义与现实（双月刊）》2003 年第 2 期。

［223］中国土地学会：《征地制度改革的思考》，"中国土地学会 625 论坛——第十八个全国'土地日'：坚守耕地红线，节约集约用地，构建保障和促进科学发展的新机制"会议，2008 年 6 月 24 日。

［224］中兼和津次：《农民の经济行动と合理性：理论的整理と中国
农村にぉける实态调查にもとづく若干の分析》，《经济学论
集》1993 年第 59 卷第 3 期。

［225］周怡：《共同体整合的制度环境：惯习与村规民约——H 村个
案研究》，《社会学研究》2005 年第 6 期。

［226］周中林：《论亚当·斯密的"经济人"与"道德人"思想——
〈国富论〉到〈道德情操论〉》，《商场现代化》2005 年第
12 期。

［227］朱道林：《现行征地补偿制度的五大误区》，《国土资源》2004
年第 6 期。

［228］朱冬亮：《当前农村土地纠纷及其解决方式》，《厦门大学学
报》（哲学社会科学版）2003 年第 1 期。

［229］朱绍文：《〈道德感情论〉与所谓"斯密问题"》，《中国社会
科学报》2011 年 5 月 3 日第 9 版。